유튜버가 일본어 청취를 빠르게 익히는 방법

수학연구사

목 차

머리말

언어는 효율이다

외국어 학습은 결국 효율의 싸움이다. 그 효율을 가장 고도화 시켜야만 우리는 시간도 절약하고 우리가 원하는 인생의 목표를 이룰 수 있다.

리스닝 청취의 고차원적 고민

이번 책에서는 어학의 가상 최고봉인 리스닝 청취의 고차원적 고민에 대해서 다루도록 한다. 여기서의 고민들만 해결이 되면 여러분들의 리스닝 청취에는 문제가 없게 될 것이다.

심리학의 도입

여기에서도 심리학을 도입이 하였다. 이는 역시 또 뇌의 문제이기도 하다. 그런 부분들을 감안해서 파고 들어가서 서술을 하고 있다.

이 책이 필요한 사람들

어학의 광명이 아직은 안 찾아오신 분

어학의 광명이 아직은 찾아오지 않아서 고민인분, 흔한 말로 귀뚫기가 아직은 되지 않은 분에게 어학의 광명을 찾게 해드리겠다.

어학에 대한 노력에 비해서 성취가 너무 적다고 불평인 분

어학에 대한 노력에 비해서 성취가 너무 적다고 불평인 분들은 반드시 성취를 가져오게 해드릴 수 있다. 연구진을 믿고 오시라.

소심하거나 내성적이어서 어학에 약하다고 위축된 분

소심하거나 내성적이어서 어학에 약하다고 위축된 분들은 걱정하지 말라. 보통들 하는 소리가 외국어를 잘하려면 말수도 말고 적극적이어야 하다고 하는데, 틀린 말은 아니지만 그렇지 않은 분들도 얼마든지 외국어를 잘하게 만드는 이론이 우리의 이론이다. 걱정하지 말고 열심히 공부만 하셔라.

Ⅰ. 서론

I. 서론

1. 이름 붙이기

우리 연구진이 이 책에서 여러분들에게 설파하고자 하는 언어 학습의 왕도 또는 청취학습의 최고 지름길은 형성청취이론이라고 이름 붙인다. 이름은 그 행동과 본질에 대한 제일 중요한 관문이고 척도이다. 그러기에 생각을 해보면 우리는 '차곡차곡 학습자가 본질적인 화자스피커가 말하는 변화에 대한 내용을 자신의 틀에 캐취해서 화자스피커가 하는 말을 자연스럽게 이해하고 담아둬서 제대로 청취 리스닝한다'는 기본 사고에서 저렇게 소개를 한다.

그런데 그런 이름은 우리 연구진이 그렇게 붙인바, 여러분들이 스스로에게 붙여 보는 것도 의미가 있다. 자신에게 맡게 이름을 붙이는 것도 난해한 학습에서의 헤쳐 나가는 중요한 첫걸음이다. 그래서 우리 이론은 '형성청취이론' 또는 '동적 청취 이론' 또는 '동적 청취 후 형성 후 자연스러운 폐기청취 이론' 이라고도 소개가 되어지고 명명이 될 것이다.

2. 목표

한국어처럼(모국어처럼) 듣기 또는 근접해서 듣기를 목표로 한다. 이제 그에 대해서 아래에서 좀 더 보고 그 확대적 의미 등을 보도록 한다.

3. 그간의 어떤 문제가 발생 또는 문제였나?

1) 일단 랜덤하게 제시해보는 외국어 리스닝 상의 문제

대충은 무슨 말인지 알겠는데 정확하게 못 듣는다. 정확하게 못 듣는다는 것이 완전히 이론적으로 논리적으로 입증이 된 것인지는 모르겠지만 그런 느낌을 받는다. 전자는 확실히 못 듣는다는 것이고 후자는 못 듣는 것 같아 보인다는 것이다.

2) 누적을 시키지 못하는 것

그래서 그들의 말을 아주 정확히 내 것으로는 못하는 것이 문제라는 학습자들이 많다. 결국 듣는 것은 정보화를 하자고 하는 것인데 외국어라는 핑계로 정보화를 하지 못했을 때가 문제이다.

그러한 무엇을 들었는지 알았어도 누적이 안됨의 문제는 그 의미적으로 장기 단기 기억과도 관련이 된다. 이는 단기이기는 하나 아주 초단기는 아니다. 즉 초단기 같으면 그냥 듣고 까먹으면 되는데 이것은 그러지 못하고 잠시래도 누적을 시켜놔야 한다.

3) 들어도 뭘 들었는지 모르는 것

그래서 들어도 뭘 들었는지 모르는 것이 되어 버린다. 그런 부분들이 해결이 되어야 해당 외국어의 뜻하는 바를 이루게 된다. 그래도 어학공부에 그렇게 시간을 투여하고 뭔가를 했다면 뭔가 어느 정도의 무엇은 남아야 하지 않는가? 라는 자조적인 시각에서의 내용들에 대해서 보도록 한다. 그러한 자조적 시각을 극복하고, 능동적이고 자신감 있는 시각을 가지게 해드리려고 한다.

4. 유학을 가지 않고도 유학을 다녀온 효과

어학연수나 유학을 안 가고도 유학을 다녀온 효과가 나오게 하는 게 이 과정들의 목표이다. 우리는 과거에 그랬으니까 말이다. 맹목적인 어학연수와 유학을 사람들이 가는 이유를 잘 분석하다보면 여러분들은 유학을 가지 않고도 유학을 간 효과를 볼 수 있다.

Ⅱ. 이 문제의 위상

II. 이 문제의 위상

1. 심리의 문제이기도 하다

이 문제의 위상은 심리의 문제이기도 하다. 그래서 시각으로 청각으로 받아들인 정보를 뇌가 어떻게 처리를 할지에 대해서 잘 고민을 해야 답이 나온다.

2. 다른 것들의 잡념을 제거해주는 것이기도 하다

1) 의미

이렇게 안하면 딱 들을 때 필요한 생각만 나오는 게 아니라 다른 잡념이 끼어 버린다. 조금이라도 리스닝 청취가 효율적으로 되지 않으면 분명히 아주 많은 양의 잡념이 생긴다.

2) 집중의 문제

이것은 집중의 문제이다. 즉 포커스를 두는가의 문제이다.

3. 거시의 문제이다

단어를 어떻게 외울까 등의 문제는 초기의 문제이고 다소 미시의 문제라면, 지금의 이 문제는 다소 거시의 문제이다. 그런데 어학을 잘하려면 아니 무슨 일을 다 잘 하려면 미시와 거시가 같이 움직여 줘야 하고 다 잘 알아야 한다.

4. 공부의 목표의 문제이다

목표 없이 내지는 관점 없이 하기에 너무도 많은 시간을 허송을 하는 사람들이 많이 있다. 그런 사람들의 시간을 줄여주는 문제이기도 하다.

5. 혜안을 생기게 하는 문제이다

1) 의미

혜안을 생기게 하는 문제이다. 바로 해당 외국어 학습의 혜안이다.

2) 비유 표현

관점이 생기게 하는 문제이다. 그런 문제이기도 하다.

Ⅲ. 기본 의미

III. 기본 의미

1. 의미

동적인 형성에 의한 것에 대해서 리스닝을 말한다. 모든 리스닝은 변화 청취상태이다. 변화로 이해해야 내게 들어오는 정보를 더 우리 뇌와 귀가 잘 흡수한다. 그 변화는 내게 직접적인 변화일수 있고 그냥 듣기만 하는 변화일 수 있다.

2. 뭐를 말하려는 것인지 핵심에 집중해서 하는 것이다

1) 의미

무엇을 말하려고 하는지에 대해서 집중을 해서 보자는 것이다. 그런데 그 기준은 '변화'라는 것이다. 이에 대해서는 뒤에서 자세히 다룬다.

2) 본질 파악이 잘되고 잘 되게 하려는 시도 방법이다

본질 파악이 잘되고 잘 되게 하려는 시도와 방법이다. 그래서 군더더기가 없는 것이고 없게 하려는 것이다.

3. 아티클의 속도에 맞춰서 뇌가 따라가는 것

1) 의미

아티클의 속도에 맞춰서 뇌가 따라가는 것이다.

2) 대화 또는 가상적 대화

실제로 대화는 없어도 대화 또는 가상적 대화라고 한다.

3) 속도가 안 되면 그것은 아직은 단어의 부족이다

4. 해당언어의 사고 틀에 안착하는 것

언어의 사고 틀이 나의 머릿속에 장착이 되어 있고 그 장착된 사고 틀에 해당 외국어를 들으면서 그 말과 소리가 그 틀에 마치 땅에 눈이 하나하나 내리듯이 안착하는 것을 말한다.

Ⅳ. 동적인 변화

IV. 동적인 변화

1. 의미

리스닝의 과정 또는 그 내용은 동적인 변화라고 생각한다. 원래는 동적인 변화 정적인 변화가 다 들어가지만 그대로 줄여서 동적인 변화라고 생각하고 듣는다.

2. 변화만 찍어내면 된다

1) 동적인 변화

동적인 변화라고 생각하자. 그래서 그 변화만 찍어내면 된다.

2) 변화를 기다리는 마음으로 들으면 된다.

그간은 동적인 변화라고 생각 하지 않고 뭐라고 생각하고 들었기에 즉 '그냥 나오는 말이나 정보라고 생각'하고 들었다고 하는 분들은 철저한 반성을 염두에 둬 달라.

3. 비유표현

여기의 비유 표현이 바로 잘 듣게 하게 하기 위해서 나오는 표현이라고 봐야 한다.

1) 변화에 주목해서 듣는다

2) 정보전달을 해준다

그간 내가 몰랐던 내가 머릿속에서 적어도 그 부분에서는 백지였던 상황에 대한 정보를 준다고 생각한다.

3) 그들이 내게 말해주듯이 느낌이어야 한다

말하는 사람은 계속 제시 제시를 하는 것이다. 그래서 그들이 내게 말해주듯이 들려야 한다.

4) 그들의 말을 캐취해서 내 것으로 한다

네이티브 스피커가 말할 때 그들의 말을 캐취해서 내 것의 틀에 담아서 머리에 넣는다고 생각하면 된다. 이때 한국말로의 해석은 필요도 없고 해서도 안 되고 할 시간적 여지가 없다. 그런데 그렇게 되기 위해서는 각 단어와 청크가 직청직해 수준 가청 수준으로 미리 만들어져 있어야 한다.

5) 머리에 꾹꾹 눌러주는 개념으로 듣는다

그냥 흘러가는 게 아니라, 이렇게 해서 들으면 다소 머리에 꾹꾹 눌러주는 개념으로 듣는다. 그래서 더 오래 자연스럽게 머리에 잔존한다.

4. 변화의 핵심은 인간의 기본

배고플 때 '배고프다', '밥달라', '밥먹고 싶다'고 하는 것이다. 아플 때 '아프다', '약달라', '치료해 달라'는 것이다. 그런 변화의 핵심은 인간의 기본 욕구 충족 또는 기본적인 변화의 방향으로 작용한다.

5. 이게 먹히는 이유

1) 의미

어찌 보면 당연한 것인데도 먹히는 이유는 무엇인가? 즉 어찌 보면 변화란 게 당연한데도 의미가 있는 것은 왜 일까? 바로 먼저 잡념을 제거해준다고 보면 된다.

6. 그 외국어대로 받아들이고 사고 판단 기억

해당 외국어는 그 외국어대로 받아들이고 사고하고 판단하고 기억해야 한다. 그래서 그게 따로 해석이나 그런 과정을 거치지 않고 바로 그대로 자신에게 수긍이 되고 끄덕거려지게 되어야 한다.

7. 마음가짐의 문제이다

1) 의미

이런 식으로 형성청취를 하게 되면 마음가짐이 달라지게 된다. 마음가짐이란 어떻게 마음을 먹고 우리의 뇌를 튜닝하고 들어가는가의 문제이다.

2) 우리말 네이티브와의 관련성

우리말 네이티브는 그냥 열심히 듣지 않아도 들리는 부분들이 있다. 물론 네이티브도 들으면서 안 되는 부분이 있다. 그런 것들은 좀더 주의 집중이 필요하다.

3) 뇌는 명령하면 따라오는 기관이다

뇌는 스스로가 다른 신체기관에 명령을 하기도 하지만, 뇌 안에서도 뇌가 뇌를 명령하기도 한다. 그래서 뇌에게 '이렇게 하라'고 하면 그렇게 한다. 그래서 뇌에게 '지금 나오는 소리들에 대해서, 어떤 변화가 형성되고 있는지 파악을 해라'는 식으로 명령을 하면 그렇게 파악을 하려고 한다. 그것이 꼭 시각적인 모습이 아니라도 조금은 되새김적인 모습으로 뇌가 움직인다.

4) 잡념을 억누르기의 문제이다

이것은 완전히 잡념을 억누르기의 문제이다. 인간의 뇌는 무한하기도 하고 제어가 쉽지 않은 무한기관이다. 그래서 흔한 말로 남성들은 여성들과 이야기하면서도 성적인 생각을 마구한다는 것도 그런 논리이다. 그런 뇌의 잡념을 억누르게 해준다. 그런 마음가짐과 생각이 말이다.

8. 빠른 순간의 조합적으로 움직인다

들은 정보에 대해서 완벽히 다 들었다면 모를까 그게 아니라면 들은 정보에 대해서 다소 조합적으로 머리가 움직여서 조합을 한다. 즉 '의도적으로 그 부분만 듣자'는 것은 아니고, '열심히 최선을 다해서 듣되, 그래도 잘 들은 주요요소를 잘 결합해서 의미파악하자'의 생각이 기본이다.

9. 조금이라도 뭔가가 반응적으로 움직이게 하라

그래서 앞서도 말한 대로 꾹꾹 눌러주는 느낌으로 들어라. 그게 꼭 뭔가가 형상화 되는 이미지가 한글이 아니어도 그 해당외국어로 꾹꾹 눌러주라.

V. 한국어 리스닝 관찰

V. 한국어 리스닝 관찰

1. 들어가기

우리 누구도 정상적인 사람이라면 우리나라 뉴스를 스트레스를 가지고 듣는 사람은 없다. 입법권 사법권 이런 정도 수준의 단어를 모르는 사람이라면 모를까 말이다.

2. 뉴스 듣기

한국어 뉴스를 듣는다고 생각해보자. 그런 모습을 관찰한다고 해보자. 우리는 택시 안에서, 집에서 아니면 음식점에 켜놓은 텔레비전을 볼 수 있다. 그러면서 보는 뉴스에 우리는 크게 관심이나 신경을 많이 쓰고 듣지 않아도 얼마든지 그 내용이 파악이 된다.

3. 코미디 듣기 보기

한국어로 된 코미디, 별로 스트레스 없이 본다. 그런데 그것을 해당 외국어 또는 현지어로 들으면 상당히 힘들다는 것은 누구나 다 알고 있다. 그런데 우리는 우리 코미디를 보면 그렇게 까지 난해한 게 아닌 이상 다 알아듣고 같이 웃을 줄 안다.

해당 외국어를 해석까지 하고 그 의미에서 사고 작용으로 웃음까지 가는 것은 당연히 아주 힘든 일이지만 그래도 우리가 왜 무엇이 안 되는 지는 잘 알아보기 위해서 우리가 좀 검토해서 자세히 볼 필요가 있는 것이다.

쉬어가는 페이지 : 준비가 되어 있으면 어학시험은 잔치다

어학은 준비된 것을 뿜어내는 것이다. 이론은 절대적으로 맞는 이론이다. 비유적으로 말하면, 머릿속이 하드디스크이고 공부는 그것을 채우는 것이다. 그래서 총알 보충 무기 보충이 필요하다. 지금 들어서 모르면 백날 반복해서 들어봐야 모르는 것이다. 그래서 준비가 되어 있으면 시험은 잔치다.

(だから準備ができている場合、試験はごちそうだ。Dakara junbi ga dekite iru baai, shiken wa gochisōda.)

Ⅵ. 이 방법의 결과와 변화

VI. 이 방법의 결과와 변화

1. 의미와 들어가기

이 리스닝대로 잘 한 경우의 결과와 변화에 대해서 논해본다. 어떤 결과가 나오는지를 알아야 여러분들도 시간낭비를 안하게 된다.

2. 깔끔하게 군더더기 없이 정보가 흡수

1) 의미

깔끔하게 군더더기 없이 정보가 흡수된다. 여기서 군더더기의 의미를 아주 넓게 볼 수 있지만, 잡념과 비슷한 말 한국어해석이 혼용이 되어서 나타남과 비슷한 의미로도 볼 수가 있다.

2) 원래 어학은 군더더기가 있는 구조이다

완벽한 말을 하기 위해서는 붙어야 할 게 많다. 용언과 체언의 문제도 수반이 된다. 거기서 용언은 군더더기이다. 그런 차원으로 보면 말이다.

3. 앞선 정보의 누적의 문제로 괴롭지 않음

1) 의미

앞선 정보의 누적의 문제로 괴롭지 않음도 생각해야 한다. 즉 이것은 어딘가에 저장이 되어 있다. 그리고 다시금 살짝 까먹는 구조가 된다.

2) 휘발성의 적당한 처리

휘발성의 적당한 처리도 관심을 가지고 봐야 한다. 이렇게 되면 왜 좋은 것이라는 관점에서 말이다. 그 수많은 내용정보를 다 머릿속에 묻어두고 저장해두고 갈수는 없다. 그래서 휘발성은 어떻게 처리하는가가 어학공부의 관건이 된다.

4. 좋아진 상태의 비유

1) 외국어 소리와 내용을 제대로 흡수할 깔때기를 뇌에 장착하는 셈이다.

외국어 소리와 내용을 제대로 흡수할 깔때기를 뇌에 장착하는 셈이다. 이런 마인드를 가지고 듣지 않으면 비효율이 생긴다. 우리는 거의 99퍼센트 효율이다.

5. 자막 등을 볼 때에도

1) 의미

자막 등을 볼 때에도 아무래도 핵심 즉 변화 위주로 보게 된다. 그러나 늘 말하지만 핵심을 파악해야지 라고 해서 되는 게 아니라 그 결과물이 그렇게 남는 것이다. 그게 안 되면 되도록 빨리 가청단어를 늘리게 하는 게 중요하다. 또한 그런 과정이 잡념과 집시간 낭비를 없애는 방법이기도 하다.

2) 시각의 문제 관점의 문제

무엇을 하던지 관점을 제대로 가지고 현상을 바라보면 그 본질이 보이고 통찰이 보인다.

쉬어가는 페이지 : 인생을 살다보면 전혀 생각지도 못한 일이 발생한다

신기한 티비 서프라이즈라는 공중파 프로그램이 있는데 거길 보면 '어떻게 저런 일이?' 싶은 일들이 생각보다 자주 발생한다는 것을 알 수 있다. 요즘 코로나가 대유행인데도 불구하고, 아이러니하게 사람들이 손 잘 씻고 마스크를 많이 해서 오히려 병원에서는 감기나 독감 환자들이 팍 줄어든 것처럼 말이다. 유사한 예로 과거에도 서양의 모 의사가 의외로 의사들이 환자를 진료할 때 손을 잘 씻지 않아서 환자들에게 병을 옮기는데서 주목하고 손 씻기를 강조한 적이 있었다고 한다. 그 때 동료의사들은 그게 말이 되냐며 크게 반발했고 그를 따돌렸다고 한다. 그러나 결국 그 의사의 주장이 그와 그의 제자들에 의해서 논문으로 입증되었고, 그 이후로 의사들 사이에서도 진료실에서의 손 씻기가 무척이나 강조되는 전통이 내려오게 되었다고 한다. 일반인들 입장에서 보면 '에이, 설마?' 싶은 이야기이다.

정리하면 우리 인생의 모든 일들에는 명과 암이 있으며 어떤 일이 일어났을 때 우리가 예상했던 것과는 전혀 다른 결과들이 나오기도 하니 섣불리 어떤 결과에서 대해서 예단하며 살지 말자 싶다.

Ⅶ. 어학 청취 요령

VII. 어학 청취 요령

변화만 체크하고 순간적으로 효율적인 버리기를 한다

1. 의미

1) 기본 의미

동적으로의 변화만 체크하고 그래서 누적을 시키는 게 버리라 살만 취하고 영양가만 취하고 버리는 구조로 간다. 즉 그래서 버리기를 한다는 것인데, 이 버리기가 참으로 리스닝 청취에서는 중요하다.

우리가 오해를 하면 '아니? 이미 들은 내용에서 잘 차곡차곡 기억을 해두고 잘 머리에 담아둬야 이게 되는 것 같은데, 버리면 어쩌라는 것이야?"하고 생각들을 하기 쉽다. 맞다 그렇게 생각이 들 수도 있다. 그런데 우리가 직접 한국말로 뉴스를 듣는 상황을 생각해보자. 그냥 골똘치 청취를 하는게 아니라 말이다. 정말로 좀 더 진솔하게 예를 들어보자. 그 상황은 당신과 당신의 친구가 같이 택시 안에서 듣고 있다고 해보자.

부산역에서 계단이 무너져서 사람들이 10명이 죽고, 20명이 다쳤습니다. 어떻게 이런 사고가 일어났을까요? 현장에 나가있는 김민식 기자 연결해보겠습니다. 김기자? 네 여기는 사고가 일어난 부산역입니다. 현장에서는 보수 공사중이었습니다.

뭐 이런 식의 라디오 방송이 나온다. 그러면 친구와 같이 당신은 자연스럽게 뉴스에 대해서 이야기를 나눌 수 있다. 방송 상태가 나쁘지 않다면 앞서의 내용들이 대부분은 기억이 날거다.

부산역에서 사고가 나고,
보수공사를 하다가 사고가 나고,
그래서 OO명(아주 잘 들었으면 10명이 죽고) 이 죽고

이런 내용들이 다 기억이 나는데 사실 그런 게 억지로 외우려고 해서 외워진 게 아니다. 물론 기억들은 시간이 지나면 또 사라질 기억들이다. 그래서 단기 기억에 해당하는 기억일 것이다.

그래서 다시금 보면 억지로 외우려고 하지 않아도, 우리 인간의 기억구조는 인공지능이나 반도체와 비슷한 구조를 가지고 있어서 두 가지 듀얼 구조로 간다. 그래서 이런 내용들을 순간적으로 들어서 담아두는 구조가 되는 것이 하나(단기기억구조), 그리고 그중에서 의미가 있고 아니면 그 충격의 구조가 커서 개인적 의미를 더 두는 것은 좀 더 오래기억에 둔다(중기이상구조). 그런데 우리는 정말로 정보의 홍수 말의 홍수 문장의 홍수에서 산다. 그러기에 너무나도 많은 문장을 듣고 말을 듣고 그것을 소화하고 흘려버린다. 어찌 보면 정보의 대변 소변을 싸는 것이다.

그런 일부는 자연스럽게 남고 말이다. 그런 버리는 흘려버리는 과정은 자연스럽게 일어나고 있고, 그래서 우리 학습자들은 제대로 공부해서 흡수하고 담을 것은 순간이던 중기이던 담고 그리고 흘려버리는 것이다. 그 안에 자신의 뇌와 몸을 맡겨버리면 된다.

2) 버린다는 말의 의미

버린다는 말이 제일 적절하기는 하다. 완전히 버리는 게 아니라 어디 옆에다가 둔다는 의미로도 볼 수도 있지만 좀 더 여러분들에게 확실한 관념을 심어 주기 위해서는 버린다는 개념이 타당해 보인다.

2. 그대로 그 정보는 어디인가 들어있다

1) 의미

그대로 그 정보는 어디인가 들어있다. 어떻게 끄집어내고 재인 즉 retrieve 하는 가의 문제로 귀결된다.

2) 뇌가 담아두고 있다

뇌가 담아두고 있다. 어딘가의 서랍에 말이다. 그 어딘가를 모르는 것은 그렇다 치고 말이다.

Ⅷ. 효율적인 골라듣기

Ⅷ. 효율적인 골라듣기

1. 의미

1) 기본 의미

여기서의 '필요한 부분만 효율적으로 골라듣기'라고 하면, 억지로 작위적인 골라듣기가 아니라 아주 자연스럽게 추구하는 골라듣기이기도 하다. 즉 아주 야무지고 집요한 의도가 있는 골라듣기가 아니라, 아주 자연스럽게 가는 것이다.

2) 결과적 골라듣기

이것은 과정적 골라듣기가 아니다. 즉 '나는 골라들어야지'하고 해서 골라듣는게 아니라, 결과적으로 채록한 결과가 핵심에 포커스를 둬서 골라듣는 모습이 되는 것이다. 쟁점을 듣는 것이다.

2. 의의

1) 아직은 실력이 적을 때도 즐기면서 향유하면서 들을 수 있다

그래서 어떤 사람이 영어는 되어도 중국어와 일본어는 좀 실력이 안 된다고 해도 목표 개념 또는 행동지침개념으로 작용하기도 한다.

2) 집중성

(1) 우선순위 영단어

사실은 어학을 교육시키는 사람들 입장에서는 우선순위 영단어에 대한 비판이 많음에도 불구하고 그 제목이 주는 의미성 때문에 인용이 참으로 많이 되는 책이자 컨셉이다. 그렇다면 우리 연구진이 말하는 이 방법에서도 그런 논리는 적용이 되는가? 적용이 된다. 즉 '우선순위 영단어'에서 말하는 우선순위성에 따르면 그것은 핵심 위주 핵심 중시이다. 그런 식으로 우리도 좀 남의 외국어 이야기를 들을 때 핵심 위주로 보자고 하는 것이니 말이다. 즉 우리가 우선순위 방식으로 하고 있는 셈이 약간 있다: 주요부만 우선 보자고 하는 것이니 말이다.

쉬어가는 페이지: 꼰대가 없어져야 서로 좋다

우리나라도 늘 기성 정치인에 대한 불만들이 가득차있지만 일본도 그런 건 비슷하다. 결국 우리와 일본 사이에 놓인 현안들은 기성 정치인들이 자신들의 기득권 유지를 위해서 그것을 더욱 문제화하여 일반사람들의 감정을 키우는 측면이 있다. 일본의 젊은이들을 보면 대체로 한국에 대해서 기성세대보다 우호적이고, 세계 평화 등에 대해서 밝은 생각을 가진 사람들이 많다. 그런데 결국에는 그런 사람들이 기성세대 즉, 꼰대들에게 교육받고 세뇌 당하다보면 그들도 결국 꼰대들이 되어갈 수 밖에 없다는 게 문제다.

XI. 외국어 청취의 두 가지 방법

XI. 외국어 청취의 두 가지 방법

1. 의미

결국 외국어 청취는 두 가지 종류이다. 물론 아주 상급자가 되어서 네이티브에 가까이 가면 두 가지가 되지 않고 하나로 수렴한다. 그러나 그전까지는 두 가지이다. 하나는 이 책에서 강조하고 있는 형성 청취 또는 꾹꾹 눌러서 들으면서 바로 버리기이고, 다른 하나는 소리에 충실해서 쭉 들어보기이다.

2. 소리에 충실해서 쭉 들어보기

결국에 우리가 네이티브처럼 되게 되면 결국은 한국어 해석 등이 개입되지 않고 그 소리를 해당외국어소리에 입각해서 계속 들어보게 된다. 그리고 그것을 그 뜻 자체로 받아들이게 된다. 그래서 속으로 "그래 그거야'하는 마음으로 가게 되지 한국어 해석이 개입은 되지 않는다. 그것을 깨닫는 것도 해당외국어 청취에서 무척이나 중요한 요소이다.

3. 결국 청취는 2종류이다

앞서 말한 대로 이 두 가지 종류의 청취는 결국은 만나지만 그래도 이렇게 두 가지로 나눠짐이 있다는 것을 깨닫는 것은 중요하다. 그래서 결국은 만난다. 그리고 다른 청취의 방법은 이 두 가지에서 갈려나오는 아류가 된다.

4. 양자의 비교

1) 부족한대로의 꾸려나감

전자를 형성청취 후자를 소리집중 이음 청취라고 한다면 전자는 부족한대로 해서 그래도 뭐래도 뜻을 알아나감에 머리를 쓰고 뇌를 쓰자고 하는 청취이다. 그러나 후자는 그냥 소리대로 갈뿐이어서 그런 식으로 소소한 뇌를 쓰지는 말자고 한다.

2) 조합

전자는 조합을 아주 번개 같은 속도로 진행한다. 그러나 후자는 의도적 의미조합을 하지 않는다.

X. 어학공부의 기본 방식의 보충 설명

X. 어학 공부의 기본 방식의 보충 설명

1. 들어가기

이 책에서의 말하는 형성청취 이론 또는 변화 캐치 이론은 리스닝 청취에서의 단계에서의 전개되는 이론이고 최상의 절정이다. 그 앞전의 내용들에 대해서는 이미 ①가청단어중시 위주의 학습하기 ②한글로 표기 무방 ③단어장 쓰기 ④문장집 쓰기 ⑤받아쓰기 중시의 기본 방법론을 확립한바 있다. 그에 대해서 좀 더 자세한 학습은 앞서의 학습 법론서를 참조하시되, 여기서의 서술과 좀 관련성이 큰 것에 대해서는 보충 설명을 다소 해본다.

2. 단어장

1) 단어장의 전체 효과

(1) 단어장을 가급적 스스로 써야 한다

단어장을 가급적 스스로 써야 한다. 뭐 굳이 손으로 쓸 필요는 없고 컴퓨터를 통해서 워드로 해서 보관해도 된다.

(2) 전체 오픈 효과

이렇게 전체를 다 보게 하면 완전히 오픈이 되어지는 효과가 있다.

2) 단어장의 가청 단계 차별표시

단어장을 만들면서 가급적 차별표시를 둔다. 즉 이미 그 단어와 그 청크가 가청수준이 되면 위치를 변화시키거나 특별표시를 둬서 쓸데없는 반복을 줄이고, 가청단어가 수두룩한 단어장을 만들어서 자신감을 높이도록 한다.

3. 영리한 반복

1) 의미

반복과 관련해서, 다른 사람들은 완전히 비효율적인 반복을 할 수도 있지만 우리는 그러지 말자고 여기에 모인 것이다. 우리는 완전효율적인 반복. 남들은 끝도 없는 무한반복 우리는 영리한 반복을 한다.

2) 단순 반복 이상

지금 단어장을 보면서 뭐래도 아주 단순반복 말고 뭔가를 생각하게 만들어야 한다. 그래야 진보가 있고 의미가 있다. 그렇지 않고 그냥 눈으로 단순반복은 정말로 시간만 죽인다. 그렇지 않으면 의미가 없다. 한 단계 한 단계 더 이야기가 진전 외 되는 구석에서 이야기가 전개가 되어야 의미가 있다. 그렇지 않으면 의미가 없다. 즉 그린 처리를 안 하고 그 단어나 청크와 헤어지면 즉 '아, 이거였구나'하는 정도로 하고 헤어지면 나중에 봐도. 참 애매하다 즉 진도 안 나가고 거리 가까워지지 않는다. 별거 없다

3) 중심잡기

수많은 어학의 정보 즉 흘러가는 문장과 텍스트들 중에서도 그 흘러가는 것들 중에서도 중심을 잡아야 한다. 그 중심을 잡게 해주는 것이 우리의 원리이다. 흘러간다는 말은 흘러가는 문장과 소리 단어 그런 것들을 다 통칭해서 말한다.

4. 예문집

1) 또 하나의 외국어

하나의 외국어 정복에 예문 집을 활용하고 또 다음의 새로운 언어를 도전하고 할 때에 또 다시 예문 집은 얼마든지 활용이 가능하다. 다음에 또 새로운 외국어 등을 차례 차례 만들어 내는 것에서는 예문을 새로 만들지 않아서 속도가 더 붙을 거다.

2) 길어야 잘 기억 된다

짝짓기를 해서 머리에 정착을 시키는 상태를 우리의 예문집의 상태로 보면 된다. 짧고 헷갈리면 기억이 잘 되지 않는다. 그래서 이것들이 우리 연구진이 여러분들에게 제안하는 기술들이다. 즉 단기기억을 장기기억으로 만드는 기술이다.

3) 인생 예문 집

(1) 의미

예문 집에서의 자신에게 가까운 것을 제시하는 이런 구조들은 인생 OO랑 구조가 같다. 요즘 사람들이 많이 이야기 하는 ‘ 인생 노래 인생 드라마 인생 멘트’같은 것이다. 그래서 그렇게 책 제목을 달아서 해도 좋다. 같은 내용이라도 접근법이 다소 달라지는 것이다

대략 그렇게 5페이지 또는 10페이지를 바꿔서 책으로 낸다. 이런 것을 보면 이것은 아주 훌륭한 자기 주도 학습이고 자신이 주인이 되는 학습이다. 속된 말로 자기 인생에서 다 발라먹는다.

(2) 생활에서 답을 찾아라

생활에서 외국어 학습의 답을 찾아라. 연구진이 강조하는 것은 생활에서 외국어 학습의 답을 찾으라고 하는 것이다. 우리의 생활은 주관적이지만 거기에 기억의 원천이 있고 자신의 중심이 있다.

4) 스토리 텔링

(1) 의미

스토리의 연결이 되어야한다. 즉 스토리의 연결이 중요하다.

(2) 사연의 연결

사연의 연결 즉 그 단어와 사연의 연결이 중요하다. 그러한 사연의 연결이 자연스러운 기억의 원리이다.

5) 시간이 갈수록 내 예문들이 편해진다

자꾸 하면 할수록 여기의 문장들이 절대적으로 편해진다. 그 편해진다는 의미는? 바로 익숙에서 오는 것이다.

6) 예문들의 성격

(1) 의미

예문들의 성격에 대해서 알아보자. 그 예문들은 머리에서 나왔고 머리에 잘 남는 구조여야 한다. 그래야 반복의 효과가 나온다. 그리고 검증효과도 나온다.

(2) 비유적 표현

'인생에서 5번 이상 반복된 문장'. 내가 인생에서 특히 지금을 기준으로 최소한 5번은 되풀이하고 반복하는 문장을 기본적 대상으로 한다. 어떤 대상은 100번 이상 스스로 되뇌거나 회상한 문장이나 상태들도 있을 거다. 인생은 그러한 반복과 기억의 연속이니 말이다.

7) 말의 추입력 연속력의 활용

(1) 의미

이것들이 다 뇌를 이용한 혀를 이용한 말의 추입력을 활용하는 것이다. 연속의 원리가 적용이 된다.

(2) 좀 더 상세 상황 설명

상황 상으로 설명을 더 해본다. 누구들이 모여서 노래자랑 또는 노래 연달아 부르기를 하고 있고, 그러면서 누군가가 그 노래를 부르면 다들 탄식을 하면서 '아...(그거)"하면서 그 노래의 가사를 서로 따라 부른다.

8) 공감대적 진술

인간의 기억력이 한계가 있을 수 있기에 자기가 스스로 만들어 놓은 예문집의 내용이 다시 보면 다 완벽히 생각이 안날수도 있다. 그래도 다시 보면서 빙그레 웃을 수 있다면 그것은 아주 성공적인 것이다. 예를 들어서 그 웃음이 공감대적 웃음이거나 '아 맞아 이런 거 있었지'하고 웃게 되는 웃음이라면 그것은 아주 성공적인 예문이다.

9) 노래의 활용

그러한 예문 집에서 일부는 노래 등으로 하는 생각의 근원은 하고 싶어 하는 말 입으로 내뱉으면 내가 즐거운 것에 편승해서 같이 하자는 것이다. 즉 한국어로도 편하면 그것을 해당 외국어로도 하면 편하다는 것이다. 그러니 노래도 분명히 어학공부에 중요한 비중을 차지한다. 그것이 한국노래이든 해당 외국어 노래이든 말이다. 거기서 개사 곡의 논리도 나온다.

5. 가청단계 만들기

1) 의미

각각의 단어와 좀 더 나아가서 단어 덩어리인 청크가 다른 한국말 해석이 없어도 자연스럽게 뇌에서 의미처리가 되는 단계로 만들어 내는 것을 말하고 무척이나 중요하다.

2) 원래 청취는 들린 것만 들린다

어학은 원래 준비된 것을 활용해서 써먹는 구조이다. 그러다 보니 원래 해당외국어의 경우에도 원래 들린 것만 들리게 된다. 원래도 들리지 않는게 시험장에서 아니면 어떤 특정의 평가장에서 들리는 경우는 없다. 그러니까 가청 파일을 또는 들리는 소리파일을 많이 만들어 둬야 한다. 해뒀는데 안 되는 어학은 없다. 어학은 정직하다. 그래서 해뒀는데 안 되는 어학은 없다. 다만 여러분들이 그 준비를 제대로 안했을 뿐이다.

3) 비유

(1) 1대 1퀴즈

그래서 이것은 외국어 단어나 청크 하나에 한국말뜻이 바로 붙은 1대 1 퀴즈가 해결되는 것이 하나의 비유적 의미가 된다. 그렇게 그게 되고 나면 무엇이 풀리는가를 생각해봐도 의미가 있다. 어떤 심리적 상태가 되는가? 어차피 풀릴 퀴즈인데 나의 효율방법으로 시간이 엄청 줄어드는 셈이 되고 또 흡착력, 유지력도 오래 간다.

(2) 단어 뜻이 나의 뇌에 흡착 압착

밀착 흡착 압착되는 과정이다.

(3) 지식과의 거리 좁히기

단어나 청크의 공부 과정은 지식과의 거리를 줄여주는 과정이다. 그래서 거리를 좁히지 못하면 지금 뭔가가 잘못 공부되는 것이다. 그렇게 보면 맞다. 우리연구진이 다른 책에서도 I love you 예문을 이야기 하듯이, 지식과의 거리가 가까워야 끄집어내기에도 좋지요. 언어 즉 외국어 공부 회화공부 그리고 청취나 스피킹 말하기 모두 다 끄집어내기의 문제이다.

XI. 다른 청취 방식의 평가

XI. 다른 청취 방식의 평가

1. 정철 방식

1) 의미

정철 선생은 영어를 비롯한 어학 학습계에서는 큰 어른이다. 고 이익훈 선생과 함께 많은 일을 하셨다. 청취 이론도 이분의 책에서 많은 영감을 후대들에게 주었다. 정철선생의 영어학습 혁명이라는 책은 거의 그런 시조이면서 집대성이다. 거기에서는 인터뷰식이라는 방식이 나온다. 즉 영어는 청크 단위로 질문자와 답변자의 말하는 구조로 보라는 식으로 이야기를 한다. 그에 대해서 좀 더 자세히 본다. 비유적 개념으로 제시를 하면 여러분들이 더 잘 이해가 될 것이다.

<정철 영어혁명>

2) 비유

(1) 기자식 방법

기자가 물어보듯이 하는 방법이다. 물론 이것의 문제는 설명적으로는 말이 되지만, 우리가 종합적 방법을 확립했다고 보았을 때, 문제적 요소는 기자가 무엇을 물어볼지 우리는 모른다는 점이다.

(2) 문답식 방법

문답식 방법이다. 즉 실제로 누가 물어보는 것은 아니지만 거기에 대해서 답을 해주는 구조로 생각하고 전제한다.

3) 파악

그리고 그 요소들 하나하나가 우리가 말하는 '변화'라는 측면으로 포섭이 된다.

2. 그림을 그려나가는 방식

1) 기본 의미

그림을 그려나가는 방식으로 청취를 하자는 시도도 제시가 되었다. 즉 사람이 말을 할 때 분절 즉 청크 단위로 해서 그림을 그려나가는 것이라는 방식이다.

2) 비판 및 평가

좋기는 하다. 특히 청크나 분절을 아주 명확히 제시를 했다는 점에서는 좋다. 그런데 문제는 그림으로 그리는 과정이 쉽지 않다는 점이다.

3. 예측 프리딕션

1) 의미

예측이라고 하면 나올 말에 대해서 미리 알고 가는 것을 의미한다. 그래서 그 말 뒤에 무슨 말이 나오는지를 예측하는 것을 의미한다.

2) 한계: 시간상의 문제

아주 시간이 많으면 예측을 하지 않을까 몰라

3) 예측이 아닌 것을 예측이라고 생각했는지도 모른다

앞서의 정철 방식에서 보듯이, 아주 해당외국어에 익숙해지면 조금은 그 뒤의 말이 뭐가 나올지에 대해서 잘 알게 된다. 그것을 예측이라고 생각하고 접근했는지도 모른다. 즉 뒤에 나온 말이 익숙해서 그런 익숙의 쾌감을 느낀 것을 예측한다고 착각을 했는지도 모른다.

4. 품사를 위주로 듣기

1) 의미

품사를 위주로 듣기도 생각해봄직한 것이다. 그래서 품사를 위주로 특히 명사를 위주로 들어라 같은 식의 방법적 제안은 심심치 않게 나온다.

2) 이것 등은 문제가 있다

(1) 실제로 품사를 위주로 듣지는 않기 때문이다

실제로 품사를 위주로 듣지는 않기 때문이다. 결과적으로 듣고 남은 결과물이 체언으로서의 명사들은 많이 남을 수 있지만 일부러 명사를 위주로 듣기는 안 된다. 즉 그래서 명사를 위주로 들어라 등은 말이 안 된다.

그런데 그러나 그런 품사를 위주로 들으라는 말과는 무색하게, 내용을 위주로 해서 들어라 또는 변화를 위주로 들으라는 분명히 기존에 언급한 품사를 위주로 들어라와 같은 범주의 체계는 아니지만 또는 기성의 범주에 있는 것은 아니지만 분명히 무엇인가가 있는 것이 된다.

그것은 어찌 보면 모습이라고도 나타내어진다. 그 모습이 꼭 눈에 보여 지는 모습은 아니어도 무엇인 만들어지거나 움직여지거나 아니면 그런 감정이나 마음이 들거나 하는 식의 무에서 유로의 변화이다.

5. 받아쓰기의 효율을 극대화하기 위한 문제

1) 받아쓰기는 훌륭한 도구

받아쓰기는 훌륭한 도구이다. 우리가 어차피 언어 구사로 그 해당외국어를 생각하고 접근한다면 그 해당언어의 단어와 청크의 소리가 어떻게 나오는지를 꼼꼼히 봐가면서 해야 하기에 어쩌면 받아쓰기는 아주 필연적일 수도 있다.

2) 적당한 적용

그런데 받아쓰기의 가장 문제는 쓸데없는 곳에 대한 시간낭비이다. 즉 이미 내가 알고 있는 것 들리는 것은 굳이 받아쓰기를 할 필요가 없는데 그것을 나누지 않고 처리를 함은 딱 그만큼의 시간을 낭비하고 가는 셈이다.

3) 받아쓰기용 자료와 다른 것들의 관계

자신의 해당외국어 실력증강을 위해서 뭐를 해야 한다면 그것도 받아쓰기를 해두려고 모아두거나 뒤로 백업해둔 자료를 가지고 실력을 늘린다면 어떻게 해야 할까 몇 가지의 원칙을 재정리 해본다.

(1) 그 자료는 영구 자료가 아니다

그게 영화가 되었건 오디오 북이 되었건 영구자료가 아니다. 영구자료는 나의 예문 집과 단어장이 영구자료가 되어야 한다. 그 영화나 오디오 북이 나의 인생 템으로 사상을 형성하고 오래 이미 기억에 남은 것은 아니기에 말이다.

(2) 다만 그 인생 템의 형성과 문제의식 제기에는 그 자료가 기여한다.

내가 이미 예문 집으로 적은 것에서 단어장에서 적은 것에서 무엇이 아직도 가청단계가 되지 않는가는 계속적으로 점검을 하고 단련을 해야 하는 부분이다. 그래서 그 인생 템의 형성과 진보를 위해서는 그런 새 자료들이 자극을 자꾸 준다. 그리고 주게 해야 한다.

6. 영화 한편 통째로 보기

1) 기본 의미

영화 한편 통째로 보기는 주기적으로 유행을 타는 방법이다. 나쁘지 않다. 좋은 점은 ①일단 지루하지 않다. ②그래서 몰입성이 강하고 기억이 좋다. 나쁜 점은 우리식의 이론으로 보면 영화의 각 장면을 다 외우고 다 기억에 남을 것이라는 착각을 해서는 안 된다는 점이다. 각자에게 인상이 많이 남는 부분은 조금은 차이가 있을 수 있기 때문이다. 그러니 차라리 그럴 것이면 좀 더 손품을 파서래도 여러 영화들의 명대사 모음을 해서 공부하는 게 더 낫다.

2) 그래도 스토리

그래도 스토리 또는 스토리텔링은 여전히 의미가 있기에, 스크린 회화 등은 의미를 가지고 가는 부분이 크다고 봐야 한다.

7. 큰소리로 책을 읽으면서 해라 방식

큰소리로 읽고 하면 좋다. 뇌가 깨워지기도 하고 적극적이기도 하다. 그런데 문제는 실천성이다. 그렇게 실제로 하기가 힘들다. 그래서 우리 방법이 나온 것이다. 우리는 소심하면서도 자기 자신에게 충실한 굳이 말하면 소확행 실천가를 진제로 한 공부와 화습 계획을 논한다.

XII. 뇌의 분석

XII. 뇌의 분석

1. 들어가기

뇌가 중요하다. 그 말은 어찌 보면 심리가 중요하다는 의미가 되기도 하는데 사실 그런 식으로 분석을 하는 사람들이 많지 않은 점도 분명히 여러분들의 어학이 잘 늘지 않는 점도 있다.

2. 뇌의 부담의 신축성

일단 어학의 내용이 뇌에 늘어난다고 해서 뇌의 부담이 늘어나는 게 아니다.

3. 뇌의 잠재력은 대단하다

1) 의미

이렇게 문장들을 쏟아 내어 놓다보면 인간의 기억력 또는 뇌의 용량이 대단함을 느낀다. 그런데 이게 평소에는 바로 바로 안 나올 수 있다. 그것을 일깨우고 그것을 활용하는 것이 우리의 방법이다.

2) 메모와 정리의 힘

그래서 메모와 정리의 힘이 필요하다. 우리의 방법은 그것을 아주 잘 이용한 것이다.

XIII. 형성청취 이론이 적용되기 위한 기본적인 실력의 정도

XIII. 형성청취 이론이 적용되기 위한 기본적인 실력의 정도

1. 들어가기

이 이론이 적용되기 위한 기본적인 실력의 정도에 대해서 본다. 적어도 이 정도는 되어야 논할 정도의 수준이 된다는 의미로서의 제시이다.

2. 가청 단계로 단어와 청크 올려놓기

'단순한 소리로서가 아니라 내용으로서 파악을 한다' 이런 목표 하에서 되려면 반드시 단어들이 듣는 단어들이 가청단계가 되어야한다. 그리고 가청단계로 가장 빠르게 가게 하는 방법이 우리 연구진이 제안하는 주관이론이다.

3. 자기 주변의 것이 해당외국어로 표현이 되어야 한다.

1) 의미

자기 주변의 것이 해당외국어로 표현이 되어야 한다.

2) 작문적 사고

처음에는 힘든데 시간이 자꾸 흐르면 더 쉬어지게 된다. 그게 시너지이다.

3) 주변 생활동사 생활 형용사

명사는 좀 나중에 한다고 차치하고라도 주변의 생활동사 생활형용사 각 100개 정도가 확실히 표현과 듣기가 가능한 단계로 만든다고 생각하자. 문법은 좀 나중에 생각하고 맞추고서라도 말이다. 내 주변의 생활들이 표현이 되어야 한다.

4. 만들어놓은 밑천이 있어야 한다

1) 의미

이런 모든 방식은 밑천을 만들어 두고 거기에 추가로 뭐를 적용해서 처리하는 방식이다.

2) 다른 공부에 적용

그래서 다른 공부에도 적용이 된다. 공부의 원리는 궁극이 비슷하다.

XIV. 이 이론의 적용 범위

XIV. 이 이론의 적용범위

1. 기본은 청취 이론

1) 듣기 이론

이 이론은 기본이 청취에 대해서 적용이 되는 이론이다. 또 그렇게 봐야 한다. 인간이 외국어를 해야 하는 영역은 크게 네 가지로 나눠진다. 듣기 말하기 쓰기 읽기 이렇게 말이다. 그런데 왜 듣기의 이론이 가장 중요한지에 대해서 설파해본다.

2) 듣기가 말하기 쓰기 읽기보다 더 우선 필요한 이유

그런데 사실 그 외국어를 구가한다고 하기 위해서는 읽기만으로는 부족하다. 그것은 외부에 아무런 티도 나지 않고 그리고 그러한 해독은 너무도 수동적이기 때문이다.

또한 말하기는 일단 들어야 말이 될 것이다. 듣지도 못하는데 일방적으로 말을 하는 것은 아무런 의미도 존재하지 않는 것이 될 것이다. 말하기와 쓰기는 그런 차원에서 같은 영역으로 봐야 한다.

3) 구가를 위해서도

구가란, 구사와 비슷한 의미로서 완벽하고 퍼펙트한 해당 외국어의 사용은 아니라도 적당히 나쁘지 않은 수준에서 소통함을 의미한다. 즉 적당히 다 알아듣고 적당히 말을 할 줄 알아서 자신의 의사를 정확히 저쪽에 표현이 가능함에 대해서 이야기를 한다.

2. 리딩에도 적용된다

이 이론은 새로운 아티클이나 서적을 읽을 때나 원서를 읽을 때도 적용이 된다. 즉 우리가 해당 외국어로 된 원서를 읽는다고 보자, 그러면 결국에는 우리가 생각하는 딜레마는 여기서 내가 무엇까지를 읽고 무엇을 뇌에 담아 둘 것인가의 문제에 봉착한다. 그러면 우왕좌왕하거나 성취도가 낮은 사람은 그런 부분에 있어서의 처리를 어떻게 해야 할지에 대해서 당황하고 시간만 허비하게 된다.

그러나 잘 짜진 사람은 그중에서 핵심이 무엇인지를 파악한다. 그리고 그 전 단계로서 대화하듯이 아니면 변화의 정보를 제공받듯이 아티클을 처리한다. 그리고 결정적으로는 이게 다시금 자신이 복기할 필요가 있는지 즉 시험에서 이게 내가 이런 형태로 답할 필요가 있는지에 주목해서 다시금 머릿속에 담아두는 것에 대한 선택을 하게 된다.

아주 비근한 예를 들어서 공인중개사 시험을 본다고 하면, 사실 그 시험이 아주 쉽지도 않지만 아주 어렵지도 않은 시험이다. 그런데 그런 시험을 위해서 몇 년을 학원을 다니고 하는 식으로 시간 허비를 하는 사람들이 많다. 그것은 바로 그런 효율적인 효율성을 가지고 공부를 하지 못하고 그저 시간만 죽이고 학원 등에서 시간을 태우고 있는 경우들이 많다.

3. 스피킹, 말하기에도 적용

우리의 방법으로 인한 적용은 당연히 말로 표현하고 글로 표현함을 전제고 하기에 스피킹에도 적용된다. 스피킹은 빠르고 실시간으로 종이나 타자없이 하는 작문이다.

쉬어가는 페이지: KTX에서 시간을 더 잘 보내는 방법

교통이 발달해서 서울 부산을 세 시간 안에 왔다 갔다 하는 KTX가 생겼어도 사실 한두 시간 이상을 교통수단을 타면서 계속 쿨쿨 잠만 자다 오지 않는 이상은 지루하기 짝이 없는 게 그 안에서의 시간이다. 그런 시간을 더 효율적으로 보낼 수 있는 방법 중의 하나가 바로 어학 공부다. 어학은 어차피 시간이 필요하다. 공부법을 우리 연구진이 제시하는 대로 잘 가다듬어서 만들고 나면 그 때부터는 정말로 시간과의 싸움이다. 그러니 시간이 남아도는 KTX 안에서의 시간은 시간이 필요한 어학을 공부하는 것과 아주 절묘한 매치가 될 것이다.

XV. 모토

XV. 모토

1. 공부로 생긴 스트레스는 공부로 풀어야 한다

속된말로 연애상대(여자, 남자)로 생긴 스트레스는 결국 연애로 풀어야 한다는 말이 있듯이, 결국 공부로 생긴 스트레스는 공부로 풀어야 한다. 어학으로 생긴 스트레스도 어학으로 풀어야 한다. 그래서 제대로 좋은 방법으로 공부하는 게 중요하다.

2. 공부에는 왕도가 있다고 생각하라

1) 기본의미

공부에는 왕도가 없다는 말이 사실은 맞다. 그런데 잘 생각해보면 아니 주변을 조금만 더 관찰해 보면 어떤 사람은 하루가 48시간이 주어진 게 아닌데도 누구는 합격을 하고 누구는 유창하게 외국어을 한다. 그러면 분명히 그것은 '그 사람은 머리가 좋으니까요"하고 치부할 문제는 아니고 뭔가의 왕도가 있다고 봐야 한다.

2) 어학은 더욱이나 왕도가 있다

어학은 더욱이나 왕도가 있다. 어학이 가지는 메타성 때문에라도 이는 어떻게 공부를 하는가에 따라서 달라진다는 것의 의미가 어학에서는 더욱더 크다는 것을 의미하게 된다.

3. 공부의 흔적을 남겨라

1) 의미

①공부를 하고난 흔적을 남겨야 한다.
②아무 흔적이나 이야기하는 것은 아니다: 아무 흔적이어야 하는 것은 아니다. 존재감 있는 흔적이어야 한다.

2) 남기지 않을거면 적지마라

연습장을 제외하고는 남기지 않을 거면 조금이라도 거기에 정성을 기울여서 하지 말라 시간낭비적인 요소가 크다. 우리가 그렇게 낭비되는 시간만 잘 모으고 아껴 써도 훨씬 더 재미있고 더 효율적인 수험생활이 가능하다.

3) 남기지 않을 노트와 종이는 쓰지 말라

(1) 반드시 남길 것이라고 생각하고 작성을 하라

안 그러면 그것은 그냥 연습장을 하는 것과 똑같거나 하나 마나이다. 연습장을 그렇게 신경 써서 하지는 않지 않는가?

(2) 그런데 이제 이해도가 생기거나 하면?

버리던지 아니면 보충 박스나 보충상자에 넣어두라. 버리면 좋기는 한데 적은 게 미련이 있거나. '나중에 봐야하지 않을까요?" '나중에 잊어버려서 다시 리마인드 해야 하지 않나요?"하는 생각이 날수도 있다. 그래서 보충박스에 두라고 하는 것인데 99프로 잘 다시 안 보게 된다. 지금 있는 핫한 것들도 보기 바쁘기 때문이다. 버릴 종이는 연습장 말고는 하지 말라/적지 말라

4) 다른 비유나 표현

(1) 실체가 있어야 한다.

어학이 힘든 이유는 바로 실체가 없어서이다. 그 실체는 내용적 실체와 정리적 실체로 나뉘진다. 역사는 내용적으로도 실체를 가지고 있다. 그 당시의 모습이 실제로는 본적은 없지만 그래도 구수하게 설명해주는 선생님을 따라서 듣다보면 눈앞에 선하다. 지리도 마찬가지이다. 그런데 어학은 그런 내용적 실체가 없다. 또한 절차적으로도, 정리적으로도 어학은 다른 암기과목류 같은 식의 제시가 쉽지 않다. 그게 문제이다. 또한 그러기에 어학은 한번 철옹성을 쌓으면 넘사벽이 되는 과목이기도 하다.

(2) 흔적화=실체화=이미지화=시각화

이미지화 실체화 흔적화가 중요하다. 그게 다 같은 개념으로 보면 된다. 물론 오해하지 말 것은 우리 연구사는 시각화를 중시하면서도 또한 책을 덮고 생각하라는 식으로 해서 시각의 방해적 작용도 늘 같이 고민한다는 사실이다.

4. 궁극의 진리는 연결된다

1) 의미

뭐든지 열심히 꾸준히 연구하다보면 지금의 여러 가지 좋은 점은 궁극의 진리는 연결된다는 것을 깨닫게 되어서 그렇다. 즉 서로 달라 보이는 분야래도 궁극의 원리 궁극의 구성원리 이런 식으로 가면 반드시 연결이 된다.

2) 거대한 연결체

① 연결체임에는 분명하다.

② 그리고 그렇게 해서 유튜브에 새로운 의미를 부여하고 새로운 의미를 발견한 것은 분명하다.

5. 남을 가르치다보면 자신의 실력이 향상된다

1) 의미

남을 가르치다보면 자신의 실력이 향상된다. 즉 남을 가르치다 보면 내지는 가르치려고 노력하거나 시도하다 보면, 자신도 말을 잘 해야 하니까 즉 좀 더 근사히 말해서 가술(可述)수준 까지 가야 하니까, 그것을 준비하기 위해서라도 여러 가지 노력과 궁리 연구 그리고 준비를 하게 된다. 즉 가르치려고 하다보면 뭐래도 이야기 해주고 뭐래도 보여주고 싶으니까 말이다. 즉 말 그대로 가장 후진 강의자들이 듣게 되는 '저 강의자는 책을 읽어줘'라는 식의 말은 듣고 싶지 않으니 말이다.

2) 뭐가 부족하고 뭐가 연결이 안 되는지

그렇게 가르치다보면 내지는 가르치려고 연구하다보면 '뭐가 부족하고 뭐가 논리적으로 연결이 안 되는지' 등이 보이게 된다. 그러면 그것을 다시금 자신도 공부해서 논리적으로 잘 나오게 하면 된다. 그래서 남을 가르치려면 자신이 더 공부가 된다고 하는 것이다.

3) 자기 뇌가 움직인다

어떤 때는 여러분들이 대학생이후에 과외선생을 하던 경험을 생각해보면, (물론 지금 교직 같은 것에 게시는 분은 더욱더 느끼겠지만) 자신이 남을 가르치면서 오히려 자신이 학생 때는 잘 몰랐던 것도 가르치면서 깨닫게 된다. 그래서 대학에서 활성화 되어 있는 스터디 그룹 등은 해당범위는 자신이 공부를 먼저 다른 성원들 보다 먼저 해서 그 해당분야의 무엇 무엇이 왜 중요한지를 정리해서 남들에게 가르치듯이 하는 이유가 그것이다. 즉 남들이 먼저 공부를 해서 그것의; 이야기를 들은 다른 성원들에게 도움을 주는 점에서도 스터디는 효율적이지만 반대로 그것을 말하는 사람은 그 말하는 점을 준비하려는 점 때문에도 자신의 실력이 더 올라가게 된다.

4) 우리 방법의 이야기

우리의 방법이 남을 가르치는 방법은 아니다. 그러나 거기에 버금갈 정도로 자기에게 혼잣말을 하고 적극성을 띄어서 학습하는 방법임에는 틀림이 없다.

6. 늘 합리적 의심을 하라

늘 자신의 공부적 처지에 대해서 합리적 의심을 해라. 그래야 변화가 있다. 현상에 대한 고민과 의심 우수 학습자의 덕목이다.

7. 뭉쳐져서 문제면 자르고 흩여져서 문제이면 뭉쳐라

1) 의미

인생을 살다보면 고민도 많고 걱정도 많다. 그런데 상당수의 고민이 잘 관찰하면 또한 제 3자적관점에서 보면 답이 나오는 일들이 많다.

2) 잘라라 아니면 뭉쳐라

그러한 고민들을 자르거나 뭉쳐라 필자의 주변에서 책 출판사로 힘들어 하던 분은 잘게잘게 쪼개서 이북을 만들어서 큰 성공을 거두었다. 책은 헤비

하고 묵직하다. 그리고 만드는데 시간이 많이 걸린다. 그것을 잘게 쪼개면 성공이 보인다.

3) 어학에서의 '형성청취이론'의 경우

(1) 기본 의미

어학에서의 형성청취 이론의 경우에는 이런 해석적 판단이 가능하다. 뭉쳐져서 나오는 외국어의 문장들의 덩어리를 다 자기 것으로 만들기에는 다소 버거운 측면이 있다. 그래서 필요한 부분만 추려서 포커스를 둬서 자기 것으로 만드는 형성청취 이론이 적용이 되는 것이다.

(2) 일반 어학의 경우

즉 이번에도 공부의 원리인 뭉쳐있으면 흐트러뜨리고 흩어져 있으면 뭉치게 하라는 입증된다. 즉 이번 형성청취 외에도 뭉쳐라는 모르는 것들은 한데 모은다는 것에서 그 아이디어가 나타난다. 또한 각각 개별성을 부어해서 외우게 한다. 뭉쳐져 있으면 잘 외워지지 않고 서로 간섭한다.

8. 아다르고 어다르다

1) 한끝차이가 무섭다

요즘 사람들의 모바일 사랑이나 전파성이 크기에 말 하나도 아주 깊기에 한끝차이로 인해서 아주 큰 변화가 있을 수 있다.

2) 의욕인과 비의욕인

그 사람은 참 의욕이 없어 라고 하더 래도 그런 사람이 자신이 눈이 반짝 반짝해질 수 있는 분야를 찾으면 그 태도는 또 360도 변화가 있을 것이다.

3) 망개떡 사례

과거에 성인 코미디에서 본 내용이다. 피서지에 가도 가도 끝없이 텐트가 쳐져 있는데, 젊은 남녀들이 얼마나 에너지들이 들끓겠는가? 그런데 한명의 행상이 온다. 처음에는 망개떡을 판다. 그런데 별로 배가 안고픈지 다들 쳐다도 안 본다. 그러자 이 사람이 생각을 한다. 아, 오히려 젊은 남녀가 많으니 콘돔을 팔아야 겠구나. 그래서 아이템을 바꾼다. 텐트를 돌아다니면서 '콘돔 팔아요'하자 젊은 남녀들이 관심은 보이는데, 빤히 쳐다만 보고 부르지를 않는다. (명시적으로 부르기에 좀 거시기 했을 거다). 그러자 판매부진에 고민하던 이 행상 '유레카'를 외치더니 돌아다니면서 하는 멘트를 바꾼다. '망개떡이나 콘돔 팔아요'를 외치자 이곳저곳의 텐트에서 이 행상을 부른다. '아저씨 여기 떡주세요', '어휴 배고파'를 외치면서 이 행상을 부른다. 물론 불러서 뭘 사고 팔았는지는 말 안해도 아실 것이다. 인생은 그런 것이다. 같은 상황이라도 아 다르고 어 다른게 인생이다.

4). " 잘못을 멋지게 포장한다 "

프랑스어속담이다. A mal exploiter bien ecrire. 잘못한 일에 거창하게 기록을 한다. 그런 의미를 가지고 있다. 잘못이라도 어떻게 포장하는가에 따라서 어떻게 보는가에 따라서 달라질 수 있다.

5) 원격의료와 비대면 의료

과거에는 원격의료 그러면 아주 의료인들이 질색을 했다. 특히 동네 병원 원장님들은 손님 다 큰 병원에 뺏긴다고 아주 극렬 반대했다. 그러나 코로

나를 거치면서 '비대면'이라는 말이 유행처럼 가면서 이제는 그것이 비대면 의료라는 새 옷을 입고 나왔다. 그랬더니 그만큼의 거부감이 적어졌다.

먼저 국민들의 받아들임도 달라졌다. 즉 과거에는 원격의료 논쟁이 나오면 그냥 그러려니 했다. 자기들과는 일단 무관한 문제라고 생각을 했는데 코로나를 겪으면서 확 달라졌다. 국민들의 대중인식과 생각은 무섭다. 그것을 이제는 무시할 수 있는 시대가 아니다. 혹 과거 같으면 '국민이 뭘 알아야 의료는 의사가 알지'라고 말할 권위적인 의사선생님들도 있었다. 그러나 지금은 그럴 분위기가 아니다. 그런 생각을 하고 있다고 해도 이제는 속으로만 말해야 하는 분위기이다.

6) 어학의 경우-성격에 따라서의 전환

한곳에서 능력이나 잠재력을 발휘하지 못하는 사람이 다른 분야에서는 대단한 능력을 발휘하는 경우들이 많이 있나. 혹시 당신이 말하기 좋아하고 너무 수다스러워서 욕도 먹고 자격지심도 있는 사람은 오히려 어학에서 그 잠재력을 발휘하라. 분명히 발휘가 될 수 있다.

9. 여름에도 집합 겨울에도 집합은 안 된다.

'여름에도 집합, 겨울에도 집합'은 확실한 이론이다.

1) 확실한 방법으로 하지 않으면 갈등만 하다가 시간 다 간다

확실한 방법으로 무엇인가를 하지 않으면 늘 갈등만 하다가 시간이 간다. 그래서 아마도 학습지와 참고서 선전으로 기억하는데 그 시에프에서는 그러한 중심을 잡지 못하는 아이는 여름에도 집합 겨울에도 집합만 공부하는 아이로 묘사가 된다. 그러나 자신들의 참고서를 보면 진도가 잘 쑥쑥 나간

다는 의미로 제시를 한다.

2) 분명한 진척이 있어야 한다

그냥 앉아만 있는 다고해서 그냥 책장만 넘긴다고 해서 공부가 아니다. 사실 대한민국의 모든 학생 모든 수험생들은 아주 불량학생이 아닌 한은 다 책상에 앉아서 공부를 한다. 그런데도 누구는 합격하고 누구는 떨어지고 누구는 좋은 성적이 나오고 누구는 아니다. 그 차이가 어디서 나오겠는가? 실질적인 진전이 있어야 한다. 공부는 말이다. 그러한 분명한 진척을 가지지 못하면 여름에도 집합 겨울에도 집합이 될 수밖에 없다.

3) 어학은 특히 그렇다

어학은 필자가 말하는 방법대로 해라, 그러면 조금씩 조금씩 나아지는 자신이 발견이 될 것이다. 그러면 늘 거기에 머물지 않고 나아간다. 단 그러면서 자신의 진척에 대해서 반드시 기록을 남겨서 자신을 돌아보는 것은 필수의 과정이다.

XVI. Q&A

[청취학습법 탐구]

1. 자막을 볼 때에도

Q. 자막을 볼 때에도 즉 해당 외국어를 텔레비전이나 유튜브 등으로 보면서 자막을 깔고 보면서도 적용이 되는 것이지요? 특히 자막은 해당 언어 자막 또는 한글 자막을 다 말합니다만.

A. 네 그렇습니다. 특히 그런 두 가지 자막에 다 해당합니다. 그래서 그게 적용이 된 모습은 크게 다르지 않게 봐도 됩니다. 해당언어 자막은 그 해당 언어를 그대로 옮겨 놓은 것이기에 소리가 캐치가 안된 상태에서 도움이 클 것이고, 한글자막은 그 말을 해당언어 소리로 파악한 후 다시 그것을 해석을 한 것이기에 아주 도움이 안 되지는 않습니다. 특히 전체적 문맥을 보고 해석을 하는 것이 전체적 목표인 만큼 한글자막도 분명히 의미는 있습니다. 다만 한글 자막을 너무 많이 보면 해석이나 논리를 생각하고 싶지 않아지니 그런 폐해는 있지요.

2. 우리가 외국어 공부를 하면서 청취 중 들은 지식은 어디에 가 있을까요?

Q. 우리가 외국어 공부를 하면서 청취 중 들은 지식은 어디에 가 있을까요? 저는 그게 참 궁금했습니다. 물론 이게 머릿속에 일어난 일이니까, 아주 자세하게 설명은 못하더라도, 조금 비유적으로 이야기를 해주시면 감사하겠습니다.

A. 네 그것은 결국 뇌의 구조 또는 뇌 과학의 이야기가 될 것입니다.

3. 귀가 뚫린다는 의미

Q. 요즘 제가 공부를 많이 해서인가, 그런 경험이 느껴지는데요. 귀가 뚫린다는 것의 의미적 서술을 좀 더 부탁드립니다. 제가 느끼고 있는 것과 같은지 해서요.

A. 귀가 뚫린다는 것은 역으로 먼저 생각해 볼 필요가 있습니다. 귀가 안 뚤리면 어떨까요? 일단 피부색이나 외양이 다소 다른 저 해당외국인이 하는 말이 무슨 말인지가 들리지 않습니다. 그냥 소리일 뿐이고 그냥 저 사람은 아주 극단적으로 내게 인간이 아닙니다. 굳이 말하면 동물이나 새소리에 불과하겠지요. 그런데 그 사람이 말하는게 내게 무슨 말인지가 전해져온다면 그때부터 그는 내게 사람이고 인간이 되지요. 좀 거창한데요, 이런 사고에서 출발합니다. 즉 그가 말하는 게 어떤 변화적 서술을 이야기 하고자 하는지 나의 뇌에 때려 박혀지는 것이지요. 다른 한국말의 매개가 없이 말입니다.

4. 눈감고 듣기

Q. 눈을 감고 해당외국어를 들으면 어떤가요? 저는 우연히 눈을 감고 들었더니 아주 집중이 잘되던데요.

A. 눈을 감고 들으면 의식적으로가 아니라도 주요 목표에 집중해서 듣기가 되기도 합니다. 그래서 좋은 것입니다. 즉 뇌가 다른 곳에의 신경 쓰거나 능력분산을 막아주고 오로지 소리에만 집중을 시키니까 그렇게 집중이 되는 느낌이 드는 것입니다. 그런데 그게 또 다 좋은 면만 있는 게 아닌 게 우리가 대화를 하거나 심지어 텔레비전이나 유튜브를 청취할 때도 보면 시각으로 해당 상황에 대한 정보가 꽤 많이 들어옵니다. 그것을 놓치게 되는 경우

가 될 수 있기에 꼭 눈을 감는 게 아주 100프로로 만 좋은 청취의 기법내지는 방법이 되지는 않습니다. 그래도 적용이 가능한 부분이 큽니다.

5. 업무에서도

Q. 저는 이런 방법이 업무에서도 동일하게 적용된다고 느꼈습니다. 특히 회의를 하다보면 지친다 지쳐 하는 경우들이 많은데요.

A. 맞습니다. 업무에서도 결국 중요한 것은 핵심이지요. 그리고 외국어 말고도 일반 학습에서도 그것은 마찬가지입니다.

6. 문법을 다소 무시

Q. 문법을 다소 무시한다는 말은 저는 정말로 와 닿습니다. 그런 생각 참 많이 했거든요.

A. 네 실천으로 꼭 옮기시기 바랍니다.

7. 제게도 어학의 광명이 찾아올까요?

Q. 제게도 어학의 광명이 찾아올까요? 시간 투여를 참 많이 하는데도 안 되는 것을 보면 좀 많이 답답합니다.

A. 네, 걱정하지 마십시오. 반드시 어학의 광명이 찾아옵니다.

8. 이 문제는 단어 공부를 먼저 좀 하고 와야 하는 문제인가요?

Q. 이 문제내지는 방법은 단어 공부를 먼저 좀 하고 와야 하는 문제인가요? 즉, 그래야 완성이 되고 실효가 되나요?

A. 네 맞습니다. 어느 정도 가청단어가 늘어나야겠지요. 물론 가청단어를 어떻게 어떤 목표를 가지고 늘릴까 의 문제에도 적용이 됩니다. 그것은 단어가 되기에 나오는 문제라고 생각하시면 됩니다.

9. 받아쓰기의 효율을 극대화하기 위한 문제

Q. 저는 받아쓰기를 많이 하고 있는데, 이것은 그러면 받아쓰기의 효율을 극대화하기 위한 문제라고 봐도 되겠지요?

A. 맞습니다. 받아쓰기는 아주 효율적인 수단인데 평생 받아만 쓰겠습니까? 늘 종이가 준비된 것도 아닌데요. 그래서 우리 이론으로 완성이 됩니다. 우리 연구진의 이론은 받아쓰기의 좋은 점은 취하고 나쁜 점 불합리한 점은 보완하는 식에서 출발합니다. 받아쓰기는 하나하나 잘 본다는 점에서는 좋지만, 늘 뭔가를 적어야 하고 또 아는 부분도 계속 적어야하고 이미 쓰고 난 것은 어떻게 보관을 해야 하는가 라는 단점이 존재합니다. 그것들에 대한 완벽한 보완을 합니다.

10. 수학 같은 과목에도 적용

Q. 여담입니다만 고교생들이 하는 수학 등에도 이 방법의 적용여지가 있어 보입니다.

A. 네 맞습니다. 결국 학습은 군더더기가 없게 하는 게 바로 효율의 싸움입니다. 즉 결국 군더더기 없이 풀기가 중요하기에 수학에도 적용이 됩니다. 수학도 결국에는 주어진 조건하에서 답까지 어떻게 군더더기 없이 가는가의 문제로 귀결되기에 말입니다.

11. 청크에의 적용

Q. 결국 어학실력은 청크에서 완성이 된다고 하셨고요. 저도 동감합니다. 그에 대해서 좀 더 말씀 부탁드립니다.

A. 결국 청크가 많아야 회하가 된다고 보시면 됩니다. 즉 우리도 낱낱의 말 덩어리를 늘 평소에 한국말로 이야기 하고 듣고 하지만 결국 말이 단어를 합쳐져서 덩어리가 되게 됩니다. 그것이 합쳐져서 일상적인 것이 되고 그래서 일상 회화가 된다고 봐야겠지요. 그래서 청크가 중요합니다.

12. 내가 대화할 준비를 만들어 두는 것

Q. 내가 대화할 준비를 만들어 두는 것의 의미를 가집니다.

A. 실제 대화는 아닐 수 있어도 좌우지간 대화할 준비를 만들어두는 것이다. 그래서 커뮤니케이션이다. 그렇게 내 자신의 또는 뇌를 만들어 두는 것이라고 보시면 됩니다.

13. 주관식이나 고시에서의 목차 위주의 사고

Q. 대학에서의 주관식시험이나 고시에서의 시험에서의 적용과 비슷한 부분이 있어 보입니다. 특히 고시 같은 데서의 주관식 시험은 결국 '목차 위주의 사고'가 중요하다고들 다 인정하는데 그런 것들이 여기에 적용이 되어 보입니다.

A. 맞습니다. 적용이 된다고 보셔야 합니다. 채점도 그렇게 거기를 위주로 한다고 한다. 그것을 하수들은 어째 제목만 봤다고 하지만 사실 정확한 제목이 나오려면 그게 이해가 되고 자기 발표가 되어야 하기에 그것은 아주 맞는 방식이라고 봐야 합니다. 교수님들이 그것을 통찰적으로 알고하던 아니고 경험적으로 하던 말입니다.

14. 호흡의 단위

Q. 호흡의 단위에 대해서는 어떻게 볼까요? 그게 청크가 될 수 잇겠지요?

A. 네 호흡의 단위별로 사고가 끊어진은 당연하다고 생각하시면 됩니다. 인간이기 때문이겠지요. 숨을 안 쉬고 살수는 없으니까요. 그러면서 그게 또 사고 단위가 됩니다.

15. 속도의 문제

Q. 결국의 외국어 학습이 고도화 되면 속도의 문제로 귀결이 되는 것이지요?

A. 그렇습니다. 고도화되면 결국 얼마나 더 빠른 속도의 아티클을 내가 따라가는가의 문제로 귀결이 됩니다.

16. 틀에 차곡차곡 쌓이듯이 하는 것이다.

Q. 저는 공부할수록 학습자가 뇌에 형성해둔 틀에 '차곡차곡 쌓이듯이 하는 것이다' 라는 생각이 들어서 학습 시에 특히 그런 느낌이 듭니다. 맞는지요?

A. 그런 느낌이 드는 게 정상이라고 봐야 합니다.

17. 노래는 원래 안 들리는 요소가 있는 거지요?

Q. 제가 노래로 리스닝 청취 연습을 하는데 좌절감이 들 때가 가끔 있는데요. 바로 잘 안 들리는 것입니다. 분명히 무슨 저렇게 말하나 하고요? 그럴 수 있는 건가요 아니면 저의 문제인가요?

A. 그럴 수 있습니다. 우리가 맥도널드에서 먹거나 뭔가 작업을 한다고 하면서 음악이 자연스럽게 흘러나온다고 생각해보십시오. 그 중에서 한국말인데도 잘 안 들리는 노래들이 꽤 됩니다. 그러니 너무 자괴감을 느끼실 필요 없습니다.

18. 뇌의 부담의 한계

Q. 뇌의 부담의 한계는 어느 정도 일가요? 공부를 하면 할수록 까 먹는게 아무래도 저의 뇌의 한계 또는 원래 뇌의 한계는 아닌가 생각이 들어서요.

A. 일단 어학의 내용이 뇌에 늘어난다고 해서 뇌의 부담이 늘어나는게 아니다라고 봐야 합니다. 그게 뇌의 무한확정성이지요. 그런데 뇌도 유기체인

데 어찌 무한하겠습니까만은 지금 여러분들이 보는 정도의 양은 충분히 소화하니까 걱정을 마십시오,

19. 구가 수준의 충족

Q. 저도 내 스스로 부끄럽지 않아야, 한다는 의미에서 구가 수준이라는 것을 형성해 놓고 있는데 그러려면 뭘 좀 알아야, 그래서 뭔가의 스탠다드가 필요하다고 보는데 적어도 이 책에서 말하는 그 방법과 수준이 그것을 충족해 보입니다. 제가 잘못 생각한 것일까요?

A. 맞습니다. 어학이 필요하다는 점에서 보면 구가 수준이라는 개념을 가지고 가는 것은 합리적이기도 하고 바람직하기도 합니다. 응원합니다.

20. 재미

Q. 외국어에 빠지니 다른 거 안 하게 된다는 식의 이야기도 나올 수 있습니다. 학문의 본질은 바로 그런 다른 즐거움을 초월하게 간다는 점이 느껴집니다. 과거에는 제가 예술의 전당에 가서 생각도 많이 정리하고는 했는데 요즘 외국어에 빠지니까 그렇지도 않게 되네요.

A. 그래도 예술의 전당 같은 것은 가십시오. 그런 곳은 학습과 일에 영감을 주니까요.

21. 외국어 공부가 그렇게 어려운 게 아니었다고 봅니다

Q. 이제 좀 귀가 조금씩 뚫리고 나서 보니 외국어 공부가 그렇게 어려운 게 아니었다고 봅니다. 제가 좀 위축되고 쫄은 측면도 있고요. 또한 방법을 몰랐던 측면도 있고요.

A. 귀가 뚫리는 경험을 하게 되면 그렇습니다. 어떻게 보면 엄청 돌아온 것이다라고 할 수도 있지요. 그래도 늦지 않았습니다. 어떻게 돌아왔나를 생각해서 그 많은 수많은 우스운 시도를 통해서 단순반복 할 것도 아니지만 제대로 된 것들을 이제라도 추구해보시기 바랍니다. 그간 무용한 시도 우스운 시도를 했다고 하면 이제라도 효율을 기해보십시오. 그래서 가능하다면 다국어자에도 도전을 해보시기를 바랍니다.

22. 아주 기본적 동사, 형용사에서 시작하는 공부

Q. 연구진의 이론을 듣다보니 저는 아주 기본적으로 생활에서 마주하는 동사와 형용사들부터 내용을 시작하면 어떨까 하는 생각이 들었습니다. 즉 눈에 보이는 형용사 뜨겁다, 빨갛다, 빠르다 등에 대해서 말입니다.

A. 네. 아주 지극히 맞는 생각입니다. 그런 식의 내가 거리에 가까이 두는 것들부터 단어 확장을 해나가면 더욱더 어학의 추진속도가 빨라지지요.

23. 기존의 어학책의 기능

Q. 이런 로직에 따르니까 원래 어학책의 기능은 무엇일지에 대한 회의론 또는 무용론이 생기는 것 같습니다 어떻게 해야 할까요?

A. 네, 충분히 이해가 가는 생각입니다. 그러나 그것은 여전히 모음의 기능

을 가지고 있다 즉 그런 것에서 그래도 남은 기능이 있다고 생각하십시오. 그리고 거기서 감동요소를 좀 찾고 기본 정리를 도움 받고 한다고 생각하시면 됩니다. 그래도 더 분별의 눈을 가지고 사용하도록 하십시오.

[작문적 사고 & 분절적 사고]

1. 분절적 사고

Q. 여기서 제시하는 방법은 아주 효율적이면서도 상당히 논리적 분절적 방법이라고 생각이 되어 지네요?

A. 네 맞습니다. 분절적입니다. 잘 나눠서 생각하면 답이 보이지요. 자주 말한 대로 뭉쳐져서 문제면 자르고 흩어져서 문제이면 뭉치게 해야 합니다.

2. 자문을 하는 부담이 덜하다

Q. 확실히 실력이 늘면 작문을 하는 자체가 부담이 덜하다고 느껴지네요.

A. 그게 시너지입니다. 바로 기존에 공부되었던 정보들이 가져다 주는 시너지입니다.

3. 몰입의 방법

Q. 저는 좌우지간 어디에 막 몰입을 하는 상태를 좋아하는 사람입니다 그런데 이 방법은 그런 몰입을 하게 해줘 좋은 측면이 있습니다. 저는 그런

몰입이 안 되면 내 스스로 좀 벙찌는 모습을 보이는데 말입니다.

A. 몰입하는 사람의 특징은 재미추구가 있습니다. 그리고 몰입을 하게 되는 것은 방법의 효율에 있겠지요. 건승을 기원합니다.

4. 보고 바로 외우기

Q. 우리 이론의 우수성은 보고 바로 외우는 사람을 만드는 것인가요? 궁금합니다.

A. 보고 바로 외워지는 이론이나 방법은 없습니다. 그것은 우리의 방법론 탐구에서도 장기와 단기 중기 기억론을 봐서도 모순이고요. 마치 요요가 절대로 없는 다이어트 방법이라고 선전하는 것과 마찬가지입니다. 뻥입니다. 그런데 우리의 방법은 그나마 가장 오래가는 방법이고 가장 기억원리에 충실하게 작성이 된 방법입니다.

5. 말할 줄 알아야 들을 수 있다

Q. 말할 줄 알아야 들을 수 있다는 생각 내지는 사고는 백퍼센트 진리라고 생각하는데요. 거기에 대해서 좀만 더 이야기를 해주세요.

A. 그것은 한영식/한일식 사고 또는 번역사고와도 관련이 된다고 봅니다. 즉 한영이 되면 영한도 된다고 보시면 됩니다. 그런데 한영이 되어야 영어 리스닝 등도 완벽하게 된다. 그게 안 되면 역으로는 힘들다고 보시면 됩니다.

[앞단의 소리 체크 단어 가용화, 가청화]

1. 단어와 청크가 보강되니까 소리가 외국어가 들립니다

Q. 이제 아 다르고 어 다르다 파일 또는 그 사상으로 해서 잘 무장이 되면 오히려 그런 단어지식들을 알고도 어학이 안 되는게 이상한 것 같습니다. 확실히 500문장에 묻어가게 하면. 기억이 잘되고 재인이 잘된다고 느껴지네요.

A. 네. 그렇습니다. 감탄할 정도입니다. '나는 그간 소리를 회피하고 간 셈' 이라고 느끼면 아주 바른 출발의 시작점이 될 수 있고 말입니다. 소리가 들어가야 어학에서는 단어가 빨리 외워진다고 봐야 지요.

2. 단어장을 꼭 써야 하는지요

Q. 단어장을 꼭 써야 하는지요. 필요는 히디고 보는데 조금은 번거롭고 귀찮아서요. 선뜻 액션이 들어가지지 않습니다.

A. 꼭은 없습니다. 다만 쓰면 아주 좋고요. 안되면 남이 쓴 거 아니면 시중에 출판으로 파는 것을 보세요. 다만 명심해야 하는 기능은 찾아보기 기능입니다 나의 워드에 나의 파일로 정렬식으로 해두면 자신이 그것에 대해서 찾아보고자 할 때에 바로 찾아서 볼 수 있습니다. 그런데 그렇게 해두지 않으면. 찾아보기가 안됩니다. 그 점은 반드시 명심하십시오.

3. 해놓은 게 있어야 한다

Q. 제가 지금 저의 공부하는 해당 외국어를 보니 가깝게 해놓은 게 하나도 없어서 문제였다는 게 확실히 느껴지더라고요. 그게 중요하지요?

A. 네, 그렇습니다. 결국에는 해놓은 거 준비해둔 게 실력을 발휘하는 것이 절대적으로 어학입니다. 그래서 좋은 점은 가깝게만 해놓으면 끝이 난다는 점입니다. 그래서 ' 지금까지는 뭐를 한 거야? 정말로 적기만 했다'는 식으로 후회적 진술을 하고 상담을 하는 분들이 많이 있습니다. 언젠가 되겠지 하는 심정으로 말입니다. 그것은 안 된다고 보시면 됩니다. 지금 바로 실력을 올려야 합니다.

4. 영리한 반복

Q. 반복과 관련해서 즉 해야 하는 학습적 반복과 관련해서 영리한 반복이 중요하다는 것은 이제 좀 확실히 알겠습니다.

A. 다른 사람들은 완전히 비효율적인 반복이고 우리는 완전 효율적인 반복입니다. 남들은 끝도 없는 무한반복 우리는 영리한 반복을 추구한다고 보시면 됩니다.

5. 이렇게 하지 않는 것은 엉터리 반복

Q. 이 방법이 너무 좋습니다. 퍼펙트 하다고 보고요. 그러면 이렇게 하지 않는 반복은 엉터리 반복일까요?

A. 뭐 완전엉터리이기야 하겠습니까? 다만 자신의 인생의 낭비지요. 지금의 반복이 제대로 된 반복을 하는 것이다.

6. 또 하나의 외국어

Q. 예문집을 처음에 만들 때 힘들지 만약에 다음에 다른 언어 등 새로운 언어에서 차례차례 만들어 내는 것에서는 예문을 새로 만들지 않아서 속도가 더 붙을거다 라고 보여지는데 어떨지요?

A. 네 맞습니다. 이것은 나의 개인적 이야기가 아니라 확대도 가능하다고 보시면 됩니다.

7. 스토리텔링 스토리 연결

Q. 스토리의 연결이 되어야 한다는 점이 중요한데 그것은 스토리텔링과 연결이 될까요?

A. 스토리의 연결이 중요하다는 점에 대한 인식이 되었다면. 그것은 스토리텔링에 의미가 크다고 봅니다. 스토리텔링에서 제일 중요한 요소는 이어짐입니다. 무슨 화두가 나왔을 때 끊어지지 않고 이어지는 것에서 뭔가의 시사점이 분명히 나오니까 말입니다.

8. 사연의 연결

Q. 사연의 연결 즉 그 단어와 사연의 연결 즉 그러한 사연의 연결이 자연스러운 기억의 원리이라고 생각이 되어지는데 맞을지요?

A. 네 그렇습니다. 그런 사연의 연결이 바로 스토리텔링이 되는 것입니다.

9. 단어 1대1 퀴즈

Q. 1대 1 퀴즈가 해결되고 나면 무엇이 풀려나간다고 생각하면 될까요? 어떤 심리적 상태가 되는가요?

A. 어차피 풀릴 퀴즈인데 나의 효율방법으로 시간이 엄청 줄어드는 셈이 되고 또 흡착력 유지력도 오래갑니다.

10. 내 예문집이 편해집니다

Q. 자꾸 하면 할수록 여기의 문장들이 절대적으로 편해진다고 느껴집니다. 그 편해진다는 의미는 무엇일까요?

A. 네 편해질 수밖에 없습니다. 다 원래 학습자 스스로가 편하게 생각하던 문장을 가지고 만든 것이니 말입니다.

11. 구글이 도와주는 셈이라고 보면?

Q. 구글이 그래도 영작을 도와주고 즉, 못할 것을 하게끔 해주고 중간 채점도 해주는 셈이라고 보면 될지요?

A. 네, 그렇습니다. 그렇게 보면 우리 얼마나 세련된 일을 하고 있습니까?

12. 단어의 공부 과정은 지식과의 거리를 줄여주는 과정

Q. 단어의 공부 과정은 지식과의 거리를 줄여주는 과정이라고 보면 맞겠지요?

A. 네, 그렇습니다. 저희가 다른 책에서도 I love you 예문을 이야기 하듯이 말입니다. 지식과의 거리가 가까워야 끄집어내기에도 좋지요. 언어 즉 외국어 공부 회화공부 그리고 청취나 스피킹 말하기 모두 다 끄집어내기의 문제이니까요.

13. 말의 추입력 연속력의 활용

Q. 이것들이 다 뇌를 이용한 혀를 이용한 말의 추입력을 활용하는 것이라고 생각이 듭니다.

A. 네, 연속의 원리가 적용이 된다고 보시면 됩니다

14. 이 방법은 나이든 사람에게 어울리는 방법인가?

Q. 이 방법은 나이든 사람에게 어울리는 방법인가? 그래서 문제인가? 라는 생각도 해 봅니다.

A. 이것은 기억의 문제이지 나이는 다소 상대적인 문제에 불과하다고 봅니다.

15. 팩트의 중요성

Q. 저는 예문집 아이디어가 마음에 드는 게 팩트라는 사실 때문이라는 점입니다. 즉, 우리가 사실 보는 여러 스타일의 단어장이나 기타 해당외국어 참고서들은 어쩌면 나와는 상관없는 가상적 인물들에 대한 이야기들이기에 기억도 오래 안가고 그 거리도 멀게 느껴지거든요. 그런 점을 염두에 둬서 공부하는 것은 맞지요?

A. 네, 팩트가 중요하다는 사실은 참으로 중요합니다. 지금껏 우리가 영어부터 해서 무수히 들었던 참고서나 교과서 내용 별로 기억나는 거 없지요. 그런데 주관적 기억은 참으로 오래갑니다. 엄마에게서 야단맞았던 추억, 실연당한 추억 등등 말이지요. 그런데 교과서는 교과서인지라. 주관적으로 만들 수 없는 현실을 감안해서 우리의 방법론이 타협점을 찾는 것이지요.

팩트가 아닌 것은 오래가지 못한다는 점, 그래서 팩트성이고 중요하다는 것을 염두에 두고 공부를 해주십시오. 리스닝도 그런 팩트성과도 조금 다소는 관련이 있다고 봐야 합니다. 우리가 특히 뉴스 등을 가장 청취 리스닝의 기본 교재로 보는 것에 대해서는 발음의 보편성이나 기타 난이도 낮음 그리고 표준성도 있지만 그것이 팩트이기에 교재로서 무난하다는 점도 염두에 둬주세요.

16. 생활에서 외국어 학습의 답을 찾으라는 의미

Q. 생활에서 답을 찾으라는 말은 참으로 와 닿습니다. 어쩌면 우리가 외국어를 공부하기 위해서 그런 노력을 많이 기울여도 잘 효과가 안 나는게 어쩌면 나의 문제가 아니라 시스템의 문제나 교재의 문제가 아닌가 라는 생각도 많이 했구요.

A. 생활에서 외국어 학습의 답을 찾아라. 연구진이 강조하는 것은 생활에서

외국어 학습의 답을 찾으라고 하는 것이다. 우리의 생활은 주관적이지만 거기에 기억의 원천이 있고 자신의 중심이 있다고 보시면 됩니다. 우리가 해당외국인과 결혼하는 게 제일 빠르게 그 외국어를 배우는 방법이라고 하는 것도 같은 맥락에서 보면 됩니다. 즉석 번역기와 대답 머신과 같이 사는 셈 아니겠습니까? 물론 그렇게 할 수 없는게 대다수의 학습자들이기에 그렇게 못하기에 우리 연구진이 제시하는 이 방법을 가지고 해주시면 되구요 말입니다.

17. 자리를 바꾸면 공부가 신선하게 잘되듯이

Q. 공부나 일을 할 때 자리를 옮기면 아이디어가 나오듯이 이 이론도 그런 측면이 좀 반영이 되어서 학습에 도움이 되게 하는 측면이 있음을 느낍니다.

A. 맞습니다. 다양한 소재 신선한 소재 그러면서도 자신에게 거리가 멀지 않은 소재를 추구하는 것이 바로 이 이론입니다. 즉 수관선호에서도 그런 생각을 반영해서 갑니다.

18. 각 나라 노래 중에 귀에 익은 것을

Q. 각 나라 노래 중에서 귀에 익은 거를 취급해서 이런 예문집으로 넣어도 상관이 없겠지요. 그렇게 되면 그 언어와 해당 외국어 사이의 관계가 되는 것인데 말입니다.

A. 그게 구글 번역의 우수성중의 하나입니다. 그렇게 해보세요. 가슴 뭉클했던 노래들을 내 외국어 공부의 자산으로 만들어 보세요.

19. 단어의 소리에서 뜻이 나오게

Q. 해당 외국어의 뜻을 외우는 것도 숙제이고 과제이지만, 소리에서 그 단어 또는 뜻이 나오게 하는 것도 숙제이고 과제이라는 생각이 듭니다.

A. 네, 그런 생각을 하는 것 자체 생각이 거기까지 미친다는 자체가 당신은 이미 어학에 대한 정복자의 반열에 들어감을 의미하게 됩니다.

XVII. 단상

XVII. 단상

1. 귀가 뻥 뚫린다는 느낌

1) 의미

귀가 뻥 뚫린다는 것에 대한 느낌을 늘 목표로 가지고 가라.

2) 그것에 대한 비유적 표현

(1) 막힌 게 안개 같은게 걷히는 느낌
(2) 외국인이 내 귀에 와서 속삭여 주는 느낌

2. 어학의 본질은 쉬운 것

1) 의미

어학의 본질은 어렵지 않은 것 쉬운 것이다. 나온게 또 나올 수밖에 없는데 말이다

2) 새로운 것은 없다
새로운 것은 없다. 오히려 우리가 너무 본질에서 동떨어진 어학을 추구하다 보니 제 무덤 제가 판 격이 되었을 뿐이다

3. 눈감고 듣기

1) 의미

눈감고 듣기도 해당언어 청취 방법에서 꼭 참조해볼만한 것이다.

2) 소리에 집중을 하게 된다

소리에 집중을 하게 된다. 그것을 봐도 분명히 어학은 뇌활동이고 뇌가 얼마만큼 자기의 영역을 분배하는가의 문제로 귀결이 된다.

4. 일반 업무에의 적용

1) 의미

일반 업무에의 적용이 있을까라는 생각을 해보게 된다. 적용이 된다.

2) 적용이 되는 이유

모든 업무의 본질은 의사소통이기에 말이다. 그게 무슨 소리냐면 의사소통도 자신은 많이 표현을 한다고 하는데도 상대는 못 알아듣고 못 이해하고 하는 경우라고 봐야 한다. 그런데서의 효율을 기르기 위해서도 이 이론들의 적용은 필요하다.

5. 수학 같은 과목에도 적용

결국 군더더기 없이 풀기가 중요하기에 수학 같은 학문에도 적용이 된다. 그런데 사실 그렇게 되면 그 말은 다른 학문에도 다 적용이 된다. 결국 학문은 차례의 문제이고 단계의 문제이고 그렇게 해서 그게 논리의 문제로 가게 된다. 그 와중에 핵심의 파악이 수반되기 때문이다.

6. 청크에의 적용

결국 청크가 많아야 회하가 된다. 일상 회화가 된다. 그러니 실력이 늘어날수록 한꺼번에 바로 처리가 되는 청크의 길이를 늘리는 것이 외국어의 실력을 기르는 본질이 된다는 것을 기억하라.

7. 내가 대화할 준비를 만들어 두는 것

1) 의미

실제대화는 아닐 수 있어도 좌우지간 대화할 준비를 만들어두는 것이다. 그래서 커뮤니케이션이다.

2) 내 자신의 뇌 만들기

그렇게 내 자신의 몸 자체 또는 뇌를 만들어 두는 것이다.

8. 주관식이나 고시에서의 목차 위주의 사고

주관식이나 고시에서의 목차 위주의 사고도 여기에 적용이 되는 지 생각을 해 볼 필요가 있다. 맞다 그렇다 . 적용이 된다. 채점도 그렇게 거기를 위주로 한다고 한다. 그것을 하수들은 어째 제목만 보고라고 하지만 사실 정확한 제목이 나오려면 그게 이해가 되고 자기 발표가 되어야 하기에 그것은 아주 맞는 방식이다. 교수님들이 그것을 통찰적으로 알고하던 아니고 경험적으로 하던 말이다.

9. 호흡의 단위

호흡의 단위별로 사고가 끊어짐은 당연하다. 인간이기 때문이다. 그리고 그게 청크의 기본이다.

10. 틀에 차곡 차곡 쌓이듯이 하는 것이다

학습자가 뇌에 형성해둔 틀에 차곡차곡 쌓이듯이 하는 것이다. 그런 느낌이 드는 게 정상이다.

11. 뇌는 펌프가 아니다

뇌는 펌프나 심장같이 기계적으로 지속적으로 움직이는 것은 아니다. 즉, 심장이나 펌프는 평생 지속적으로 같은 정도의 주기로 같은 정도의 효율로 움직인다. 그런데 뇌는 좀 다르다. 잘 움직일 때도 있고 너무 써서 지칠 때도 있다. 그것을 구별해서 봐야 한다. 뇌의 피로감에 대해서 잘 판단을 해서 활용을 하는 게 중요하다.

12. 해놓은 게 있어야 한다

'나의 외국어는 가깝게 해 놓은 게 하나도 없어'라고 느끼는 것도 제대로 된 쾌속으로 해당외국어를 배우는 출발점이 된다. 뭔가 자료를 실컷 만들어 두고도 우리가 매긴 기준으로의 가용기준을 만들지 못하면 말짱 도루묵이 된다. 그래서 좋은 점은 가깝게만 해놓으면 끝이다. '지금까지는 뭐를 한거야? 정말로 적기만 했다' 는 분들도 각성하기 바란다. '언젠가 되겠지 하는 심정'으로 그것은 안 된다.

13. 한 개의 특정외국어가 정복이 되어지는 느낌

1) 의미

한 개의 특정외국어가 정복이 되어지는 느낌을 체감하는 게 중요하다. 거기서 바른 출발이 되기 때문이다.

2) 느낌의 비유적 상세적 의미

(1) 끝이 보인다는 생각이 든다

이제 좀 끝이 보이네 하는 생각이 들어야 하는 게 정상이다.

(2) 연결이 된다는 생각이 든다

좀 지식들이 연결이 된다는 생각이 들어야 정상이다.

14. 공부란 새로운 지식을 저장하는 것이다

공부란 새로운 지식을 저장하는 것이다. 그 저장에의 가장 차곡차곡 멋있고 효율적으로 쌓게 하는 방법이 우리 연구진이 제안하는 방법이다.

15. 번역의식

1) 의미

우리가 착각을 하기도 한다. 번역의식이 필요하고 좋은 것은 사실인데 말이다. 웬만한 것들이 자신이 번역이 된다고 생각한다. 특히 영한 일한 이 아니라 한영 한일이 된다고 생각한다. 그게 아닌데 말이다.

2) 문명의 이기를 이용하자

스스로 쌩으로 번역을 해서 무엇인가를 만들어 내고 또한 제조를 한다고 생각하면 크게 문제가 된다. 왜? 생으로 해서 번역을 해서 무엇인가를 만들어 내기는 쉽지 않기 때문이다.

16. 눈으로 보는 것이 귀를 자극한다

1) 우리의 학습법의 근간이 된다

즉 눈으로 소리를 익힌 것이..원래는 귀를 통해서 익혀야 하지만 눈이 귀를 리드해서 소리를 습득하게 해준다

2) (다른) 비유

눈이 귀를 트이게 해준다. 특히 소리를 한글로 적어서 더욱더 그렇다

17. 모자이크 식 공부

1) 기본 의미

어학은 철저히 모자이크식 공부가 된다. 예를 들어서 해당 외국어 관련 방송에서 뭔가를 열중했다가 , 그게 점점 모자이크가 되어가는 것이다. 즉 다른 식으로 비유표현을 해보면, 모자이크식 땅따먹기식 영토 점령식 공부가 되어간다는 것을 나도 정확히 인식하고 사람들에게도 인식을 시킨다. 이런 것은 해외 티비를 보면 '어떤 식으로 뇌작용이 돌아가려냐? '라는 관점에서 봐도 마찬가지가 된다.

2) 새로 빠지기

튜닝기간, 조율기간이 있을 듯하다는 점도 감안하면 그 말은 더 와닿을 수 있다. 즉 하나의 외국어에 몰두 전념했다가 다른 외국어로의 컨버팅을 감안하면 말이다. 그럼 하나의 외국어에 몰두 전념했다가 다른 외국어로의 컨버팅에 대해서 그게 뭐가 문제가 되는데? 라는 식의 질문이 나올 수 있다. 그 외국어의 분위기에 취하게 되는가? 그렇다고 수 있다. 그러다가 새 외국어에 빠져서 공부하게 되면 또 거기에 빠진다.

18. 영어권에 들어가지 못함

1) 한국인은 우수하다

외국어와 외국문화 그리고 외국인들의 생활과 외국경제 또는 글로벌 경제에 대해서 연구를 봐도 작은 결론적으로는 한국인들이 참으로 우수하다는 사실이다. 그런데 왜 우리는 제1 외국어인 영어에 이렇게들 취약할까?

일단 영어가 웅얼웅얼 들리는 것은 우리에게 불행이다. 그것은 혀와 목의 구조를 비롯한 발성구조가 다른 것이다. 그래서 영어를 못한 것이고, 그런 영어를 제일 목표 언어로 한 우리나라의 불행으로 많은 사람들이 좌절한다. 다들 바보가 아닌데 말이다. 즉, 그것은 우리의 귀의 문제 목의 문제 혀의 문제이다.

그래서 프랑스나 다른 나라 유학이 영어 유학보다 나은 점이 있었을 듯하다. 미국어는 가장 첨단어이다보니 발음도 가장 첨단으로 꼬부라져 버렸다. 그런 측면이 있다.

2) 일본어, 중국어는 우리가 상대적 유리

상대적으로 일본어는 또한 중국어는 우리에게 유리하다. 아마도 서양인들은 일본어의 발음에 대해서 아주 곤란함을 느낄 것이다. 그래서 우리는 다른 외국어로 극복하자. 우리는 할 수 있다. 싸구려 애국심 마케팅이 아니다. 우리의 자존감 회복이다

19. 문법 무시방식

1) 의미

해당 외국어를 공부함에 있어서 문법을 최소한으로 제한해서 공부를 해서 기본틀을 빨리 익혀서 외국어를 공부함에 즐길 수준을 만들어 두고 점점 문법의 실력을 올려서 완성을 하자는 의미의 방식이다.

즉 우리가 말하는 문법을 다소 무시하는 방식은 완전히 무시는 아니지만 좀 더 해당 외국어 공부의 우선순위를 비 문법에 내지는 문법외적인 요소에 더 중점을 두자는 의미로 받아들이다. 그렇게 문법을 다소 무시하는 방식적 접근도 가능하다. 그것도 아주 실제로 가능하다. 또한 소통적으로 봐도 그 해당 외국어의 네이티브 아닌 외국인들에 대해서, 해당 외국어 구사에 대해서 본토인은 너그럽다. 우리는 사실 리스닝이 제일 중요한데 그들의 말만 적당히 알아들으면 되기에 말이다.

2) 공부의 목표

(1) 의미

공부의 목표가 될 수도 있는 이야기이다. 그리고 아주 효율적인 공부의 목표가 될 수도 있는 이야기이다.

(2) 문법을 정말로 무시하는가?

문법을 정말로 무시하는가? 완전한 무시는 아니다. 우선순위적 전략이다.

3) 문법을 무시해도 되는 이유는?

(1) 기본의미

제목은 그러해도 엄밀히 말해서 초기의 어학공부에 문법을 무시해도 되는 이유에 대한 것이다. 결국 말하는 화자 스피커의 입에서 나오는 변화를 체크한다는 측면에서 보면, 용언과 체언으로 나눠지는 구조에서 핵심은 체언이 된다. 그런데 그 체언들은 주로 문법요소 보다는 단어나 어휘 요소가 많다.

(2) 용언과 체언

용언은 한자로 用言이라고 쓴다. 체언은 한자로 體言이라고 쓴다. 그래서 체언은 문장의 가장 핵심적인 의미가 되는 말이고 용언은 그 핵심적인 요소들을 이어줄 때의 주변요소들을 말한다. 이것을 한국말로 예문으로 해서 여러분들에게 알기 쉽게 소개를 한다. 즉 '아버지가 방에 들어가신다' 라고 하면 가장 핵심은 누구에 해당하는 아버지, 그리고 들어가다, 어디로 들어가다 이다. 그런데 그 어디는? 방 이라서 핵심 체언은 결국 아버지, 방, 들어가다, 이 세가지가 되면서 그것을 연결해주는 가/에/(가)신다 등은 서브적인 요소로서의 용언에 해당한다.

그런데 체언도 분석을 좀 더 들어가보면 결국 두가지로 귀결된다. 즉 아버지 그리고 방이다. 아버지는 방과 무슨 관계이실까? 그 말만 있다면 결국 방에 들어가거나 방에서 존재하고 계신다 일 것이다. 그러기에 핵심체언을 잡아내는 것이 바로 우리가 청취 리스닝에서 해야 할 가장 중요한 요소가 된다.

(3) 대부분의 문법은 용언의 활용 문제

대부분의 문법은 용언의 활용문제이다. 체언은 의사소통의 기본인데 체언들은 그다지 문법에서 문제 삼지 않고 단어의 영역으로 넘어간다. 그래서 모든 어학강사들은 체험적으로 학생들에게 '그래 단어가 중요해', '단어가 외국어 공부의 반이상이야' 라고 이야기들을 한다.

(4) 체언이 확실히 청취되면 소통은 거의 성공

말의 구조를 분석해보면 해당 언어에서 체언들이 잡히면 소통은 거의 성공이다. 그것은 몇가지 이유가 있다. ① 체언들이 잡히면 대략적인 우리의 머릿속의 추정의 힘에 의해서 그 관계가 잡히기 때문이다. 예를 들어서 '어머니', '사랑', '그리워하다', '묘소' 이렇게의 체언들이 잡히면 어머니의 사랑을 그리워했고 그래서 묘소를 찾아가서 참배를 하다는 식의 연결들이 대략은 잡힌다. ② 원래 문장을 제대로 구성하기 위해서는 이것저것 어찌보면 불필요하게 붙어야 할 용언들이 많이 있기에 그렇다. 예를 들어서 일본어에서 보면 그런 것들이 좀 극명한데, 뉴스를 보면 한자들만 잘 봐도 대략적인 뜻이 통하는 것이 그 증거가 된다. 한자들이 체언을 대략적으로 다 구성하기 때문이다.

그래서 다시금 논리를 정리해보면, 체언에 해당하는 것만 골라서 듣는 태도라는 것은 거의 존재하기 불가능하지만 결과적으로 해서 모아보면 체언에 해당하는 말만 잘 들어도 해석의 답은 나오게 된다.

(5) 귀가 뚫리는 순서

그래서 청취가 되어지는, 굳이 다시 말하면 귀가 뚫어지는 순서는 다음과 같은 순서가 된다.

① 하나도 모르겠다 단계
② 아주 일부 아는 단어들이 들린다 단계
③ 주요부의 단어들이 들린다 단계: 이때는 체언과 용언들 중 일부가 혼재된 것들이 들리는 것이다
④ 주요부의 체언들이 종합적으로 들리면서 대략은 뭐를 말하는지 아는 단계
⑤ 스피커 화자가 나에게 말해주듯이 느껴지는 단계: 전부가 아주 완벽히는 아니라도 거의 다 제대로 들리는 단계

20. 세상이 넓어 보인다

해당외국어가 되면 세상이 넓어졌다 내지는 넓게 보인다는 생각이 든다. 안 그렇겠는가? 우리의 산하 우리 땅 우리 주민 우리 사람만 해도 참으로 넓고 평생을 다 해집지 못하는데 그 범위가 세계로 간다면 말이다. 그러니 어학은 재미가 있고 흥미가 있는 것이다.

일본어/중국어에서의 팁: 한자

이 경우 일본에서는 한자가 체언의 가장 중요한 요소로서 작용한다는 게 힌트이다. 특히 뉴스 등을 보면 중간 중간에 자막으로서 한자가 많이 나오는데 그게 가장 중요한 체언이 된다.

중국어에서도 비슷하다. 결국 중국어의 말은 우리가 보기에는 한자의 연결인데, 그 한자들 주에서도 용언적 한자와 체언적 한자가 굳이 구별이 된다면 그 체언적인 한자들을 파악해서 캐치를 하는 게 중요하다.

XVIII. 심리 심

심리가 대세이다 어디를 가도 심리에 대한 이야기들이 많다. 대학원등에서도 심리 상담대학원등이 아주 인기가 높다. 문과의 학부 지망에서도 유명대학들은 경영학과 등의 전통의 인기과와 함께 심리학과가 같이 인기를 누리고 있다. 심리에 대한 파악은 우리의 할 일들에 대한 명확한 방향성을 안겨준다. 어떤 현상을 보더라도 그 현상 안에 어떤 심리적 원인이나 기저가 작용되는지를 잘 파악하고 있으면 답도 쉽게 나오고 방향성도 잡히어서 결국에는 남보다 앞서나가는 사람이 될 수 있다. 본문에 곳곳에 그런 사고가 녹여져 있지만, 다루지 못한 것은 여기서 한 번 더 다루니, 정리하시기 바라고, 여기서 소개한 수준은 아주 기본적 수준이니 본인들이 좀 더 사고와 심리적 파악을 더 개발 발전시켜서 이 책에서의 문제들에 대입을 해보시기를 바란다.

1. 자신감

1) 자신감을 잃으면 무슨 일이든 되지 않는다

자신감을 잃으면 거의 모든 일들이 되지 않는다. 우리가 개그맨들을 보면서 '야 어떻게 저렇게 웃기고 청중을 휘어잡을까?'라고 말하는 이경규, 강호동, 이상훈 같은 사람들도 처음에 강의를 가서 휘어잡지 못하면 쉽지 않다는 식의 회고를 들려주고는 한다.

2) 자신감은 가지라고 해서 가져지는 게 아니다

자신감을 가져라 라고 한다고 해서 가져지는 게 자신감이 아니다. 다 근거가 있어야 한다. 경제적인 것에 비중을 많이 두는 사람이라면, 주머니가 좀 불룩해야 마음에 자신감이 생긴다. 그처럼 공부를 하는 사람이라면 시험을 앞두고 그냥 마구잡이로 자신감이 생기는 게 아니라 공부를 시험의 목적에

맞게 제대로 했을 때 자신감이 생긴다. 그러기에 그러지 못하고 생기는 것은 요즘 젊은 사람들이 많이 말하는 '근거없는 자신감' 즉 근자감에 불과하다.

3) 어학에서의 경우

(1) 당근 마켓

어학 즉 외국어가 특히 청취에서 남들의 말이 들리기 시작하면 그 때의 감정은 경이로움이 생긴다. 전혀 나와 별세계의 사람이라고 생각한 사람들이 나의 동지가 된 기분이 들고 나의 당근 마켓(당신의 근처 마켓) 사용자가 되는 기분이 든다.

(2) 복합적 심리

왜 외국어가 들리면 기분이 좋은가? 심리적으로 우쭐함인가?

4) [영화] 라라랜드

여자주인공은 영화 전체에서도 계속 오디션에 떨어진다. 그러다가 막판에 애인인 남자주인공의 격려와 도움으로 마지막 오디션에서 성공한다. 결국 자신감은 자기 스스로도 만들지만 조력자의 도움도 아주 필요하다. 그런 면에서는 인생의 운도 자신감과 연결이 된다고나 할까

2. 즐거움

1) 일반 의미

일반적인 생각과 일반적인 방법으로 일에 학습에 임하는 사람은 절대로 노력하는자를 이기지 못하고, 노력하는 자는 즐기는 자를 이기지 못한다는 말을 자주 한다. 맞다 즐거움은 굉장히 중요한 요소이고, 자신이 무슨 일을 하던지 그것을 즐거움의 수준으로 승화시킬 수 있으면 그것은 대단한 것이다. 그런데 그것은 분명히 자신이 어떻게 머리를 쓰는가에 따라서 충분히 달라질 수 있다.

2) 어학을 하면서

어학에 대한 재미가 생기면 '그래, 쓸데없는 거 생각하고 말고 할 시간에 외국어 하나를 더 해 둔다' 이런 재미와 오기가 생긴다. 그러면 자신의 외국어 공부는 성공으로 치달을 수밖에 없다.

외국어에 빠지니 다른 거 안하게 된다는 식의 이야기도 나올 수 있다. 학문의 본질은 바로 그런 다른 즐거움을 초월하게 간다는 점이다.

도 서 명: 유튜버가 일본어 청취를 빠르게 익히는 방법
저　　자: 최단시간일본어연구회
초판발행: 2021년 10월 15일
발　　행: 수학연구사
발 행 인: 박기혁
등록번호: 제2020-000030호
주　　소: 서울특별시 영등포구 버드나루로 130 1층 104호(당산동, 강변래미안)
Tel.(02) 535-4960　Fax.(02)3473-1469

Email. kyoceram@naver.com

9001 고1,고2 내신 수학은 따라가지만 모의고사는 망치는 학생의 수학 문제 해결법
저자 수학연구소 / 19,500

9002 이공계 은퇴자와 강사를 위한 수학 과학 학습상담센터 사업계획 가이드
저자 수학연구소 / 19,500

9003 고3 재수생 수능 수학 만점, 양치기를 어떻게 바라보고 극복할 것인가
저자 수학연구소 / 19,500

9004 대학생들이 세상에서 가장 효율적으로 일본어를 정복하는 방법
저자 최단시간일본어연구회 / 19,500

9005 프랑스어를 꼭 공부해야 하는 대학생들이 쉽게 어려운 단어를 외우는 방법
저자 최단시간프랑스어연구회 / 19,500

9006 중국어를 빠르게 배우고 싶은 해외 파견 공무원들을 위한 책
저자 최단시간중국어연구회 / 19,500

9007 변리사들이 효율성 높게 일본어를 익히는 법
저자 변리사실무연구회 / 19,500

9008 세무사가 업무상 필요한 일본어 청취를 빠르게 습득하는 법
저자 세무사실무연구회 / 19,500

9009 심리상담사가 프랑스어 단어를 빠르게 익히는 방법
저자 상담심리실무연구회 / 19,500

9010 업무용 일본어 듣기의 효율성을 높이는 법: 해외파견공무원용
저자 공무원실무연구회 / 19,500

9011 관세사들이 스페인어 단어를 쉽고 빠르게 외우는 법
저자 관세사실무연구회 / 19,500

9012 스페인어 리스닝을 쉽게 하는 법: 해외파견금융기관직원을 위한 책
저자 금융실무연구회 / 19,500

9013 관사세가 알면 좋을 프랑스어 단어를 효율적으로 외우는 법
저자 관세사실무연구회 / 19,500

9014 법조인이 알면 좋을 스페인어 단어를 빠르게 익히는 법
저자 법조인실무연구회 / 19,500

9015 법조인이 알면 좋을 스페인어 단어를 빠르게 익히는 법
저자 법조인실무연구회 / 19,500

9016 미용 뷰티업계에서 알면 좋을 이탈리아어 단어 빠르게 외우는 법
저자 뷰티실무연구회 / 19,500

9017 간호대학생과 간호사 의학용어시험 만점! 심장순환계통단어 암기법
저자 의학수험연구회 / 19,500

9018 항공공항업계에서 알면 좋을 스페인어 단어 스피드 암기법
저자 항공공항실무연구회 / 19,500

9019 약사와 약대생을 위한 의학용어 만점암기법_ 심장순환계와 근육계
저자 의학수험연구회 / 19,500

9020 한의사와 한의대생을 위한 양의학용어 암기법_ 호흡기와 감각기
저자 의학수험연구회 / 19,500

9021 의료변호사를 위한 의학용어 암기법_ 소화기와 비뇨기
저자 의학수험연구회 / 19,500

9022 건강보험공단 직원과 취준생을 위한 의학용어 암기법_ 감각기와 호흡기
저자 의학수험연구회 / 19,500

9023 간호사 국가고시 합격기간 단축하기_ 1교시 성인간호, 모성간호
저자 의학수험연구회 / 19,500

9024 건강보험공단 직원과 취준생을 위한 의학용어 암기법_ 감각기와 호흡기
저자 의학수험연구회 / 19,500

9025 수의사와 수의대생을 위한 의학용어 암기법_ 근골계와 심장순환계
저자 의학수험연구회 / 19,500

9026 식품위생직, 식품기사 시험을 위한 식품미생물 점수 쉽게 따기
저자 식품위생연구회 / 19,500

9027 영양사 시험 스피드 합격비법_ 1교시 영양학, 생화학, 생리학 중심
저자 영양사시험연구회 / 19,500

9028 영양사 시험 스피드 합격비법_ 2교시 식품학, 식품위생 중심
저자 영양사시험연구회 / 19,500

9029 6급 기관사 해기사 자격 시험 스피드 합격비법
저자 해기사시험연구회 / 19,500

9030 재배학개론 농업직 공무원시험 스피드 합격비법
저자 공무원시험연구회 / 19,500

9031 식용작물학 농업직 공무원시험 스피드 합격비법
저자 공무원시험연구회 / 19,500

9032 수능 지구과학1 입체적 이해로 만점 받기
저자 수능시험연구회 / 19,500

9033 건축구조 건축직 공무원 시험 교과서 술술 읽히게 하는 책
저자 공무원시험연구회 / 19,500

9034 위생관계법규 조문과 오엑스 조리직 공무원시험
저자 공무원시험연구회 / 19,500

9035 자동차구조원리 운전직 공무원 시험 교과서 술술 읽히게 하는 책
저자 공무원시험연구회 / 19,500

9036 수의사와 수의대생을 위한 의학용어_ 암기법 소화기와 비뇨기
저자 의학수험연구회 / 19,500

9037 도로교통사고 감정사 1차 시험 교과서 술술 읽히게 하는 책
저자 자격증수험연구회 / 19,500

9038 위험물산업기사 필기시험 교과서 술술 읽히고 암기되게 하는 책
저자 자격증수험연구회 / 19,500

9039 소방관계법규 조문과 오엑스 소방직 공무원시험
저자 공무원시험연구회 / 19,500

9040 양장기능사 필기시험 교과서 술술 읽히고 암기되게 하는 책
저자 자격증수험연구회 / 19,500

9041 섬유공학 패션의류 전공자가 섬유가공학 술술 읽고 학점도 잘 받게 해주는 책
저자 섬유공학패션연구회 / 19,500

9042 의류복식사 술술 읽고 학점 잘 받게 해주는 섬유공학 패션의류 전공자를 위한 책
저자 섬유공학패션연구회 / 19,500

9043 반도체장비유지보수 기능사 필기 교과서 술술 읽히고 암기되게 하는 책
저자 자격증수험연구회 / 19,500

9044 4급 항해사 해기사 자격 수험서 술술 읽히고 암기되게 하는 책
저자 자격증수험연구회 / 19,500

9045 접착 계면산업 관련 논문 특허자료 술술 읽히고 암기되게 하는 책
저자 접착계면산업연구회 / 19,500

9046 재수삼수 생활로 점수 올려 대입 성공한 이야기
저자 오답노트컨설팅클럽 / 19,500

9047 치위생사 국가시험 수험서 술술 읽히고 암기되게 하는 책
저자 자격증수험연구회 / 19,500

9048 치위생사 국가시험 수험서 술술 읽히고 암기되게 하는 책_ 2교시 임상치위생처치 등
저자 자격증수험연구회 / 19,500

9049 가스산업기사 필기시험 수험서 술술 읽히고 암기되게 하는 책
저자 자격증수험연구회 / 19,500

9050 응급구조사 1,2급 시험 수험서 술술 읽히고 암기되게 하는 책
저자 자격증수험연구회 / 19,500

9051 떡제조기능사 시험 수험서 술술 읽히고 암기되게 하는 책
저자 자격증수험연구회 / 19,500

9052 임상병리사 시험 수험서 술술 읽히고 암기되게 하는 책
저자 자격증수험연구회 / 19,500

9053 의료관계법규 4대법 조문과 오엑스 뽀개기 의료기술직 공무원시험
저자 공무원시험연구회 / 19,500

9054 간호학 전공자가 간호미생물학 술술 읽고 학점도 잘 받게 해주는 책
저자 간호학연구회 / 19,500

9055 간호사 국가고시 합격기간 단축하기_ 2교시 아동간호, 정신간호 등
저자 의학수험연구회 / 19,500

9056 도로교통법규 조문과 오엑스 뽀개기 운전직 공무원시험
저자 공무원시험연구회 / 19,500

9057 전기공학부생들이 시험 잘 보고 학점 잘 따는 법
저자 기술튜터토니 / 19,500

9058 간호대학생들이 약리학을 쉽게 습득하는 학습법
저자 간호학연구회 / 19,500

9059 의치대를 목표하는 초등생자녀 이렇게 책 읽고 시험 보게 하라
저자 의치대보낸부모들 / 19,500

9060 지적관계법규 조문과 오엑스 뽀개기 지적직 공무원시험
저자 공무원시험연구회 / 19,500

9061 방송통신대 법학과 학생이 학점 잘 받게 공부하는 법
저자 법학수험연구회 / 19,500

9062 공인중개사 1차 시험 쉽게 합격하는 학습법
저자 법학수험연구회 / 19,500

9063 기술직 공무원 시험 쉽게 합격하는 학습법
저자 공무원시험연구회 / 19,500

9064 독학사 간호과정 공부 쉽게 마스터하기
저자 간호학연구회 / 19,500

9065 주택관리사 시험 빠르게 붙는 방법과 노하우
저자 자격증수험연구회 / 19,500

9066 비로스쿨 법학과 대학생들을 위한 공부 방법론
저자 법학수험연구회 / 19,500

9067 기술지도사 필기시험 빠르고 쉽게 합격하는 학습법
저자 자격증수험연구회 / 19,500

9068 감정평가사 시험 스트레스 낮추고 빠르게 최종 합격하는 길
저자 자격증수험연구회 / 19,500

9069 의무기록사 시험 합격을 위한 의학용어 암기법_ 순환계와 근골계
저자 의학수험연구회 / 19,500

9070 의무기록사 시험 합격을 위한 의학용어 암기법_ 소화기와 비뇨기
저자 의학수험연구회 / 19,500

9071 감정평가사 2차 합격을 위한 서브노트의 필요성 논의와 공부법
저자 자격증수험연구회 / 19,500

9072 감정평가사 민법총칙 최단시간 공부법과 문제풀이법
저자 자격증수험연구회 / 19,500

9073 게임 IT업계 직원이 영어를 빠르게 듣고 말할 수 있는 방법
저자 최단시간영어연구회 / 19,500

9074 IT 게임업계 직원이 효율적으로 빠르게 일본어를 습득하는 법
저자 최단시간일본어연구회 / 19,500

9075 게임회사 IT업계 직원이 프랑스어 단어를 빨리 익히는 법
저자 최단시간프랑스어연구회 / 19,500

9076 경영지도사가 빠르고 효율적으로 중국어를 배우는 법
저자 최단시간중국어연구회 / 19,500

9077 유튜버가 일본어 청취를 빠르게 익히는 방법
저자 최단시간일본어연구회 / 19,500

9078 법조인들이 알면 좋을 프랑스어 단어를 빠르게 익히는 법
저자 최단시간프랑스어연구회 / 19,500

9079 경영지도사에게 필요한 스페인어 단어 빠르게 익히기
저자 최단시간스페인어연구회 / 19,500

9080 일본어 JLPT N4, N5 최단시간에 합격하는 법
저자 최단시간일본어연구회 / 19,500

9081 관세사에게 필요한 이탈리아어 단어 빠르게 익히기
저자 최단시간외국어연구회 / 19,500

9082 일본 관련 사업을 하는 중개사를 위한 효율적인 일본어 듣기법
저자 최단시간외국어연구회 / 19,500

9083 일본 취업 준비생을 위한 일본어 리스닝과 단어 실력 빠르게 올리는 방법
저자 최단시간외국어연구회 / 19,500

9084 관세사에게 필요한 중국어 빠르게 습득하는 법
저자 최단시간외국어연구회 / 19,500

9085 누적과 예측을 통한 영어 말하기와 듣기 해답_ 해외진출자를 위한 책
저자 최단시간외국어연구회 / 19,500

9086 스페인어를 공부해야 하는 대학생들이 빠르게 단어를 숙지하는 법
저자 최단시간외국어연구회 / 19,500

9087 취업 준비 대학생은 인생 자격증으로 공인중개사 시험에 도전하라
저자 자격증수험연구회 / 19,500

9088 고경력 은퇴자에게 공인중개사 시험을 강력 추천하는 이유와 방법론
저자 자격증수험연구회 / 19,500

9089 효율적인 4개 국어 학습법과 외국어 실력 올리는 방법
저자 최단시간외국어연구회 / 19,500

9090 여성들의 미래대안 공인중개사 시험 도전에 필요한 공부 가이드
저자 자격증수험연구회 / 19,500

9091 해외파견근무직원들이 이탈리아어 단어 빠르게 익히는 방법
저자 최단시간외국어연구회 / 19,500

9092 영어 귀가 뻥 뚫리는 리스닝 훈련법
저자 최단시간외국어연구회 / 19,500

9093 열성아빠를 위한 민사고 졸업생의 생활팁과 우수 공부비법
저자 교육연구회 / 19,500

9094 유초등 아이 키우는 열정할머니를 위한 민사고 생활팁과 공부가이드
저자 교육연구회 / 19,500

9095 심리상담사가 일본어를 쉽게 배울 수 있는 노하우와 팁
저자 최단시간외국어연구회 / 19,500

9096 법조인을 위한 들리는 소리에 집중하는 외국어 리스닝과 단어 훈련법
저자 최단시간외국어연구회 / 19,500

9097 관세사를 위한 문법 상관없이 받아 듣고 적는 외국어 학습법
저자 최단시간외국어연구회 / 19,500

9098 민사고에 진학할 똑똑한 중학생을 위한 민사고 공부팁과 인생 이야기
저자 교육연구회 / 19,500

9099 해외파견근무직원들을 위한 프랑스어 단어 쉽게 배우기
저자 최단시간외국어연구회 / 19,500

9100 해외파견근무직원들이 일본어를 쉽고 빠르게 공부하는 방법
저자 최단시간외국어연구회 / 19,500

9101 대학생들이 이탈리아어 단어 쉽고 빠르게 익히는 법
저자 최단시간외국어연구회 / 19,500

9102 뷰티 화장품 업계에서 알면 좋을 스페인어 단어 쉽게 익히기
저자 최단시간외국어연구회 / 19,500

9103 민사고 진학에 갈등을 느끼는 딸바보 아빠를 위한 인생 조언과 공부법
저자 교육연구회 / 19,500

9104 유튜버를 위한 영어 리스닝과 스피킹 실력 빠르게 올리는 법
저자 최단시간외국어연구회 / 19,500

9105 해외파견직들을 위한 문법 없이 어학 공부하는 방법
저자 최단시간외국어연구회 / 19,500

9106 변리사가 프랑스어 단어를 쉽고 빠르게 배우는 법
저자 최단시간외국어연구회 / 19,500

9107 법조인이 알면 좋을 중국어 스피드 습득법
저자 최단시간외국어연구회 / 19,500

9108 임용고시 합격하려면 고시 노장처럼 공부하지 마라
저자 임용고시연구회 / 19,500

9109 임용고시 합격을 위한 조언_ 공부로 생긴 스트레스 공부로 풀어라
저자 임용고시연구회 / 19,500

9110 가맹거래사 시험 법학에 자신이 없는 사람들이 꼭 봐야 할 합격법
저자 자격증수험연구회 / 19,500

9111 가맹거래사 책이 쉽게 이해되지 않는 사람들을 위한 수험전략 가이드
저자 자격증수험연구회 / 19,500

9112 항공 및 공항 업계에서 알면 좋을 이탈리아어 단어 효율 암기법
저자 최단시간외국어연구회 / 19,500

9113 은퇴자를 위한 외국인과 만나는 게 즐거운 영어 리스닝 방법
저자 최단시간외국어연구회 / 19,500

9114 항공과 공항업계인을 위한 일본어 듣기와 단어 청크 단위 학습법
저자 최단시간외국어연구회 / 19,500

9115 유튜버가 프랑스어 단어에 쉽게 접근하고 익히는 법
저자 최단시간외국어연구회 / 19,500

9116 대학생이 필요한 스페인어 청취를 빠르게 습득하는 법
저자 최단시간외국어연구회 / 19,500

9117 해외파견직들을 위한 스페인어 단어 스피드 학습법
저자 최단시간외국어연구회 / 19,500

9118 관세사를 위한 직청직해 소리단어장 다국어 훈련법
저자 최단시간외국어연구회 / 19,500

9119 경비지도사 처음 도전하는 사람들이 꼭 알아야 할 시험 접근법
저자 자격증수험연구회 / 19,500

9120 유튜버가 이탈리아어 단어 효율적으로 익히는 방법
저자 최단시간외국어연구회 / 19,500

9121 관세사가 빠르고 쉽게 일본어 실력 올리는 법
저자 최단시간외국어연구회 / 19,500

9122 영어가 부족한 법조인을 위한 리스닝과 스피킹 효율 학습법
저자 최단시간외국어연구회 / 19,500

9123 미용 뷰티업계에서 알면 좋을 일본어 쉽게 접근하는 법
저자 최단시간외국어연구회 / 19,500

9124 대학생을 위한 외국어 공부법_ 문법은 버리고 소리에 집중하자
저자 최단시간외국어연구회 / 19,500

9125 심리상담사가 스페인어 단어를 효율적으로 배우는 방법
저자 최단시간외국어연구회 / 19,500

9126 대학생을 위한 다양한 외국어 쉽게 접근하게 해주는 가이드
저자 최단시간외국어연구회 / 19,500